校企合作电子商务专业精品教材

电商视觉营销设计

主审　李明慧

主编　刘奇锋　聂　虹　金频生

内容提要

本书以电商视觉设计师岗位需求为导向，以全国职业院校技能大赛高职组电子商务技能赛项的竞赛内容为依据，全面系统地介绍了电商视觉营销的基础知识和应用方法，内容包括浅谈电商视觉营销、浅析电商视觉营销设计基础、用文案解决营销软肋、店铺首页视觉营销设计、商品详情页视觉营销设计、专题页视觉营销设计、推广图视觉营销设计和移动端店铺视觉营销设计。

本书可作为职业院校电子商务、网络营销等专业的教材，也可作为电子商务、网络营销等从业人员的参考用书，还可作为电子商务技能赛项的参考用书。

图书在版编目（CIP）数据

电商视觉营销设计 / 刘奇锋，聂虹，金频生主编
. -- 上海 : 上海交通大学出版社，2023.8（2024.8 重印）
ISBN 978-7-313-28490-7

Ⅰ. ①电… Ⅱ. ①刘… ②聂… ③金… Ⅲ. ①电子商务－网络营销－教材 Ⅳ. ①F713.365.2

中国国家版本馆 CIP 数据核字 (2023) 第 053555 号

电商视觉营销设计
DIANSHANG SHIJUE YINGXIAO SHEJI

主　　编：刘奇锋　聂　虹　金频生
出版发行：上海交通大学出版社　　地　　址：上海市番禺路 951 号
邮政编码：200030　　电　　话：021-64071208
印　　制：三河市祥达印刷包装有限公司　　经　　销：全国新华书店
开　　本：787 mm×1092 mm　1/16　　印　　张：12.25
字　　数：246 千字
版　　次：2023 年 8 月第 1 版　　印　　次：2024 年 8 月第 2 次印刷
书　　号：ISBN 978-7-313-28490-7
定　　价：59.80 元

前言

PREFACE

随着互联网的发展与普及，电子商务已经成为我国居民的主要消费渠道之一，这就促使越来越多的企业加入电商行业，也导致电商行业竞争越来越激烈。面对激烈的竞争，如何让自己的店铺脱颖而出呢？这就需要借助一种重要的营销手段——视觉营销。

通俗地说，视觉营销就是通过视觉设计来吸引消费者注意，以实现营销目的。本书从实用角度出发，全面系统地介绍了电商视觉营销的基础知识和应用方法，帮助企业和相关从业人员掌握电商视觉营销设计的方法与技巧，提高店铺整体运营能力，为店铺的持续发展助力。

本书特色

（1）春风化雨，立德树人。党的二十大报告指出：“育人的根本在于立德。”本书积极贯彻党的二十大精神，秉承“价值塑造、能力培养、知识传授”三位一体的育人理念，尽可能选取既对应相关知识点，又能够体现核心素养并与实际应用紧密相关的案例，将能够体现文化素养、道德修养等的内容潜移默化地融入知识和技能教育，努力做到既育才更育人，让学生自觉将人生追求同国家发展进步紧密结合起来，努力成为有担当、高素质、高水平的专业型人才。

（2）校企合作，工学一体。本书邀请相关企业专家指导和参与编写，结合企业对电商视觉设计人才的实际要求，将教学重心落在职业需要和岗位的实际应用上，帮助学生实现从校园到企业的平稳过渡和从职业水平到岗位要求的无缝对接。

（3）全新形态，全新理念。本书注重将电商视觉营销理论知识与实际应用有机结合，在知识讲解过程中穿插了大量与知识点相关的案例，以激发学生的学习兴趣。同时，每章都安排了案例实战，并提供了相应的设计思路与制作过程，让学生即学即练，学做合一，以提高学生分析问题、解决问题的能力。

此外，本书还根据需要设置了“小提示”“知识库”“实用技巧”等栏目，适时提醒和解决学生在学习和操作过程中遇到的问题，让学生少走弯路、提高学习效率。

（4）微课辅助，配套丰富。本书配有丰富的数字资源。读者可以借助手机或其他移动设备扫描二维码获取相关内容的微课视频，也可以登录文旌综合教育平台“文旌课堂”（www.wenjingketang.com）查看和下载本书配套资源，如素材与实例、优质课件等。如果读者在学习过程中有什么疑问，也可登录该网站寻求帮助。

编审团队

本书由李明慧担任主审，刘奇锋、聂虹、金频生担任主编，唐迈、陈新、燕东浩、欧林娜、刘阳、李继勇担任副主编。

由于编者水平有限，书中存在的疏漏及不足之处，恳请各位专家、广大师生及同仁批评指正，以便再版时修订、完善。

版权声明

（1）本书在编写过程中参考了大量的资料，并引用了部分文章和图片等。这些引用的资料大部分已获授权，但由于部分资料来自网络，我们未能确认出处，也暂时无法联系到原作者。对此，我们深表歉意，并欢迎原作者随时与我们联系。

（2）为了避免引起不必要的误会，本书所选案例中的企业名称使用了化名。

目录

CONTENTS

第1章 浅谈电商视觉营销

章|前|导|语

在电商平台选购商品时，消费者是无法真实地触摸和感受到商品的，只能通过查看店铺提供的信息来判断。因此，“视觉”成为消费者获取商品信息及决定是否购买商品的重要依据，这就使电商视觉营销成为店铺运营的制胜关键。本章通过介绍电商视觉营销的基础知识，帮助大家初步认识电商视觉营销。

知|识|目|标

- 了解电商视觉营销的概念及作用。
- 熟悉电商视觉营销的内容构成和主要应用。

技|能|目|标

- 能够分析电商视觉营销在具体店铺中的应用。
- 能够利用网络搜集电商视觉设计师的相关信息。

素|质|目|标

- 初步具备电商视觉营销思维。
- 增强自主学习、探究学习的意识。

1.1 初识电商视觉营销

随着消费市场的不断升级和人们消费观念的不断变化，电商视觉营销已经成为提升品牌形象和促进商品销售的重要手段。

1.1.1 什么是电商视觉营销

电商视觉营销是指通过色彩、文案、图片、视频等形式，在电商平台上对所经营的品牌和商品进行形象化展示，以增加品牌和商品的吸引力，激发消费者的购买欲望，从而达到提升品牌形象和促进商品销售目的的营销活动。

通俗地说，电商视觉营销就是通过影响消费者的视觉感受来达到营销目的。电商视觉营销的关键在于用协调的色彩搭配、合理的构图、有创意的文案、吸引人的图片等设计店铺各个页面，以吸引消费者目光，最终达成推广品牌和销售商品的目的。

例如，图 1-1 的电子产品系列宣传海报中，将商品与商品颜色相匹配的自然景观相融合，不但能营造和谐、大气的视觉效果，还能充分体现商品的颜色特征；将商品倾斜摆放，既能使构图更加和谐，又能为画面增添张力；每幅海报都利用能充分说明商品卖点的文案，以及十分吸引人的商品图片来展示商品的优势，以激发消费者的购买欲望，从而达成销售商品的目的。

图 1-1 电子产品系列宣传海报

1.1.2 电商视觉营销的作用

电商视觉营销是店铺运营的重要法宝，利用好它可以提高店铺流量、提高商品转化率、提升品牌形象等。

1. 提高店铺流量

好的视觉营销设计可以引起消费者关注，使消费者对品牌和商品产生兴趣，从而提高店铺流量。例如，图 1-2 的饮品推广图借助“记忆中的奶”文案唤醒消费者对品牌的记忆，又利用“2 件 5 折”文案激发消费者对商品的兴趣，促使消费者点击图片进入店铺查看商品，从而为店铺带来流量。

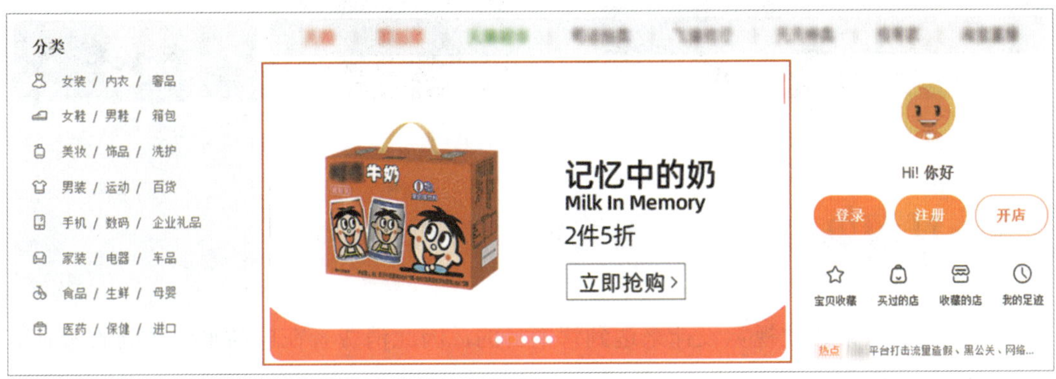

图 1-2 饮品推广图

2. 提高商品转化率

优秀的商品视觉营销设计可以充分展示商品卖点，让消费者感受到商品带来的“利益”，从而激发消费者的购买欲望，促使其产生购买行为，进而提高商品转化率。例如，图 1-3 的便携熨烫机主图用“1200 W 大功率 快速除皱”文案突出商品的核心卖点，并配合使用场景体现其便携性能，能够给有此类需求的消费者留下深刻的印象。

图 1-3 便携熨烫机主图

3. 提升品牌形象

品牌的视觉营销设计如果足够出彩，可以强化品牌的辨识度，提升品牌在消费者心中的好感度，从而有效提升品牌形象。例如，图 1-4 的潮牌店铺首页的视觉营销设计极具时尚感，可以强化品牌“潮流”“时尚”等特色，加深消费者的品牌记忆，提升品牌在消费者心中的形象。

图 1-4　潮牌店铺首页

1.2 详解电商视觉营销的内容构成

电商视觉营销通过视觉设计来达到营销目的，因此消费者在电商平台看到的所有信息都可以算作电商视觉营销的范畴。其中，视觉识别系统、色彩、构图、商品和文案是电商视觉营销的主要内容。

1.2.1　便于消费者识别的视觉识别系统

视觉识别系统（简称 VI）是指用完整、系统的视觉传达体系，将企业理念、文化特质、企业规范等抽象语义转换为具体符号，塑造出的独特的便于消费者识别的视觉符号系统。视觉识别系统包括基本要素和应用要素。其中，基本要素包括品牌名称、标志、标准字、标准色、象征图案、品牌口号等；应用要素包括办公用品、商品包装、广告媒体、旗帜、招牌、标识牌、橱窗、陈列展示等。

在电商视觉营销中应用较多的是基本要素中的品牌名称、标志和口号。

品牌名称、标志：是品牌的标识，方便消费者识别品牌。例如，图 1-5 中的店铺招牌和海报都用了品牌名称、标志，目的在于强化消费者对品牌的记忆。

品牌口号：通常是品牌理念的概括，常用于展现品牌最突出的特点，其简单易记、富有特色，可以给消费者留下深刻的印象，同时有利于品牌的宣传与传播。品牌口号在视觉营销中的应用十分广泛，如店铺标志中的品牌口号（见图 1-6）、店铺海报中的品牌口号等。

图 1-5　品牌名称、标志在店铺首页中的应用

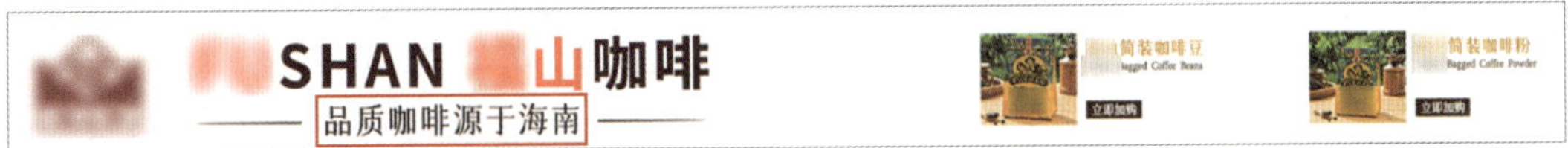

图 1-6　品牌口号在店铺标志中的应用

1.2.2　带动消费者情绪的色彩

色彩是电商视觉营销的重要内容，其极具表现力，能够很大程度上影响消费者的感受。在品牌和商品的视觉营销设计中恰当地应用色彩，很容易引起消费者关注，从而达到营销目的。

例如，图 1-7 中的两幅图同为牛奶主图，左图以白色为背景色，虽能突显商品，却使画面显得单调，很难引起消费者关注；而右图以绿色为背景色，容易让人联想到大自然，能使牛奶给人天然、健康的感觉，加上足球等元素的装饰，使画面更有视觉冲击力，能瞬间吸引消费者目光。

图 1-7　采用不同配色的牛奶主图

1.2.3 聚焦消费者视线的构图

构图是把文案、图片等元素适当地组织起来，构成一个协调、完整的画面，它是为视觉营销设计增添艺术感染力的重要手段。在商品的视觉营销设计中使用适合的构图方式，可以增强商品的视觉吸引力，让消费者快速关注到商品。

例如，图 1-8 中的两幅图同为项链主图，左图的构图虽增强了画面的延伸感，却缺乏视觉吸引力，无法让消费者眼前一亮；而右图的构图不仅使画面更具艺术感染力，还能通过弯曲的项链间接表现女性的柔美，从而激发消费者的购买欲望。

图 1-8 采用不同构图方式的项链主图

1.2.4 满足消费者需求的商品

商品是视觉营销的主体，商品视觉效果呈现的质量直接影响消费者的购买决策，因此对商品的视觉效果进行设计与美化是电商视觉营销的重要内容。另外，同一品牌、不同商品的视觉效果呈现采用统一的规范，可以加深消费者对商品甚至是品牌的记忆。

例如，图 1-9 的羽绒服详情页用精心设计的清晰、美观的商品图片表现商品及商品卖点，可以让消费者直观、全面且深入地了解商品，最终毫无顾虑地购买商品。

图 1-9 羽绒服详情页

1.2.5 向消费者传达信息的文案

在电商视觉营销中，品牌和商品信息大多依靠文案传达。根据品牌特色和商品特点编写优质的文案，并配以合适的字体，不仅可以有效传达信息，还可以提高画面的表现力和美观度，从而快速引起消费者注意。

例如，对于图 1-10 的口红详情页，从文案内容角度看，“雕花口红，唇间锦绣”既描述了商品的外观，又说明了商品的用处；从文案外形角度看，采用较细的字体，使文案呈现娟秀之美，与商品精致的外观交相呼应。可以说，加了文案“装饰”的详情页更显古韵之美，更能抓住消费者眼球，且充分传达了商品信息。

图 1-10 口红详情页（部分）

知识库

电商视觉营销的内容除前面所讲外，还有图案和图形。其中，图案常用于装饰背景，以提升画面质感和层次感，如图 1-11 所示；图形常用于装饰文案、商品，以丰富画面效果，如图 1-12 所示。

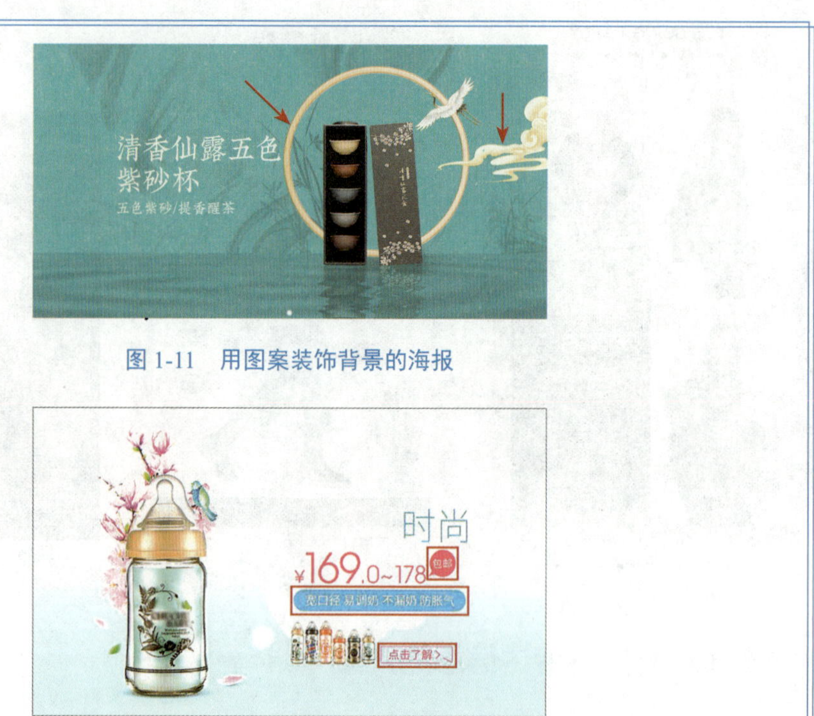

图 1-11　用图案装饰背景的海报

图 1-12　用图形装饰文案的海报

1.3 揭秘电商视觉营销的主要应用

电商视觉营销贯穿于店铺运营的整个过程，店铺中的任何一个版块都是视觉营销的应用区域。通常来说，电商视觉营销的主要应用体现在店铺首页、商品详情页、专题页及推广图中。

1.3.1 电商视觉营销在店铺首页中的应用

店铺首页是店铺的门面，其视觉营销设计往往与品牌特色和商品属性紧密结合。另外，店铺首页是消费者了解店铺活动的重要途径，因此在对店铺首页进行视觉营销设计时，也要将想传达给消费者的信息充分表现出来，以达到营销目的。

例如，图 1-13 的中式家具店铺首页，通过水墨背景、留白设计、竖排文字等打造浓厚的中国风，与商品的中式属性相结合，为消费者塑造中式产品的品牌形象；同时在其中加入促销信息，方便消费者了解店铺近期活动。

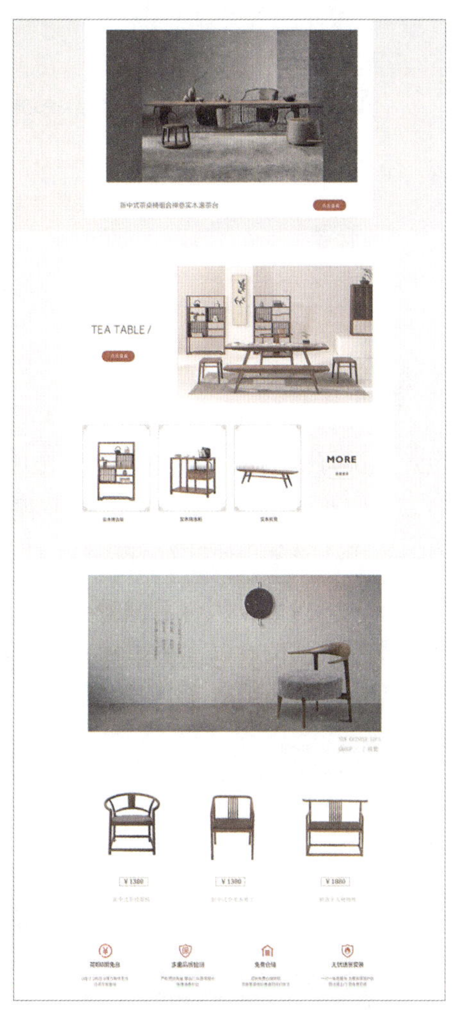

图 1-13　中式家具店铺首页

1.3.2　电商视觉营销在商品详情页中的应用

电商视觉营销在商品详情页中的应用主要体现在商品主图和商品详情图。

1. 商品主图

当消费者在电商平台搜索商品时，首先看到的就是商品主图。一幅视觉效果优异的商品主图可以引导消费者点击，从而提高店铺流量。因此，商品主图的视觉营销设计十分重要，一是要有能够充分展现商品及其卖点的商品图片，以便向消费者展示商品；二是要有精练的文案描述商品价值，以吸引消费者目光。

例如，图 1-14 的手环主图利用手环屏幕显示运动信息，并辅以多项说明商品价值的文案描述，充分展示了商品的外观和卖点功能，能有效激发消费者对商品的兴趣，促使其点击以进一步了解商品。

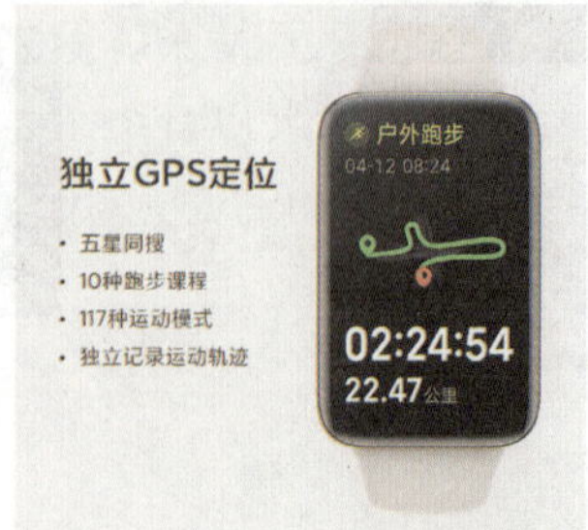

图 1-14　手环主图

2. 商品详情图

视觉效果好的商品详情图能有效传达商品信息，如商品的基本信息、卖点、服务、品质等，让消费者充分了解商品，并在视觉呈现上保证整体感和美观度，给消费者构建一个清晰的商品印象，使其对商品产生信任，从而购买商品。

例如，图 1-15 的手环详情图以简约大气的色彩搭配、充分说明商品基本信息和卖点的文案、清晰美观的商品图片，让消费者对商品有一个系统、清晰的整体印象，促使其对商品产生信任并购买商品。

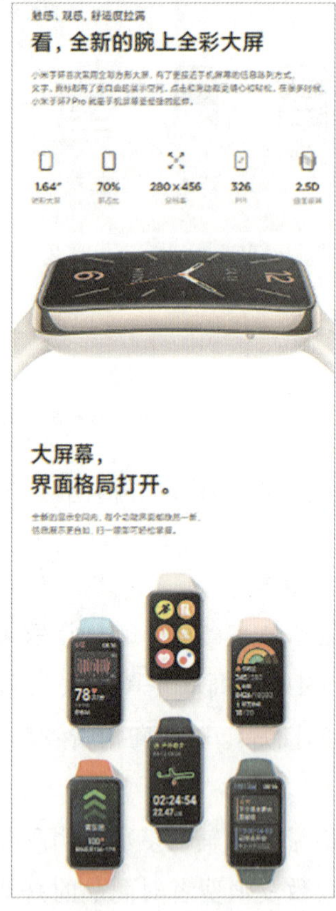

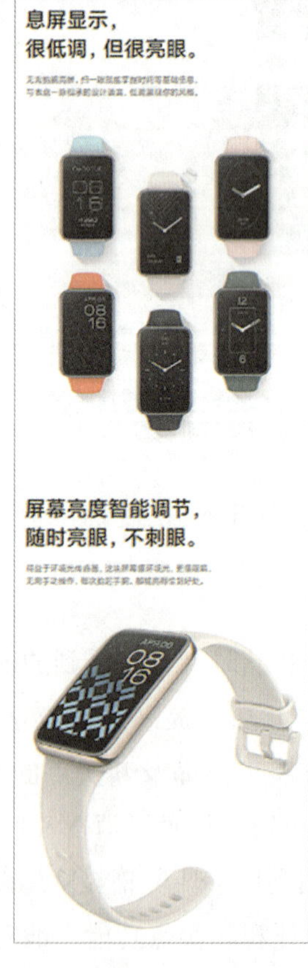

图 1-15　手环详情图

1.3.3 电商视觉营销在专题页中的应用

专题页是活动期间店铺进行流量引导的重要页面，其目的是介绍和展示活动，营造活动氛围，激发消费者参与活动的积极性，最终促成点击、浏览，甚至是购买。专题页不仅要利用美观的视觉呈现引起消费者关注，还要展示清楚活动内容、活动规则、优惠力度、活动时间等营销信息。

例如，图 1-16 的化妆品专题页利用合理的页面布局、协调的色彩搭配等吸引消费者注意，利用文案详细介绍与本次活动有关的营销信息，让消费者充分了解活动内容。

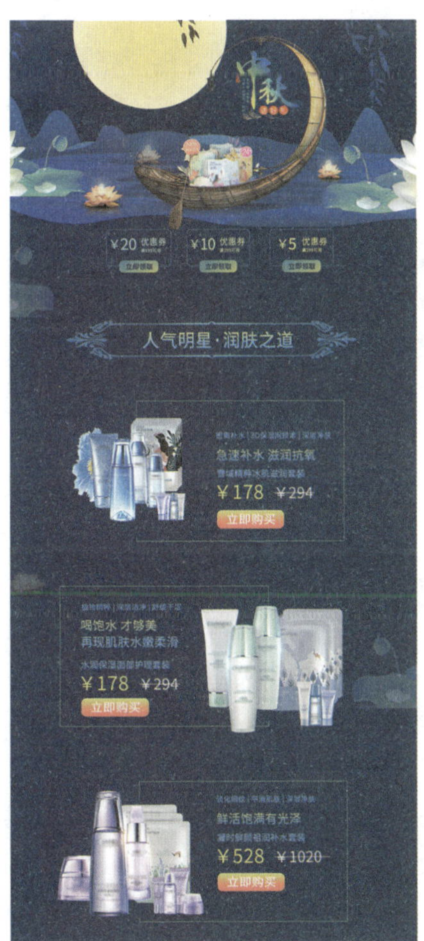

图 1-16 化妆品专题页

 **小提示**

在活动期间，可将店铺首页设计成专题页，也可在电商平台专门设立的活动版块中单独设计专题页。

1.3.4 电商视觉营销在推广图中的应用

多数电商平台都提供了显眼的、需付费的推广位，方便企业进行营销与推广，如淘宝网的钻石展位和直通车展位、京东商城的京选展位和京东快车展位等。在这些推广位放置推广图，可以有效引流，提高店铺流量和商品销量。推广图的视觉营销设计重点在于保证促销信息简洁鲜明、画面效果醒目，以吸引消费者目光，如图 1-17 所示。

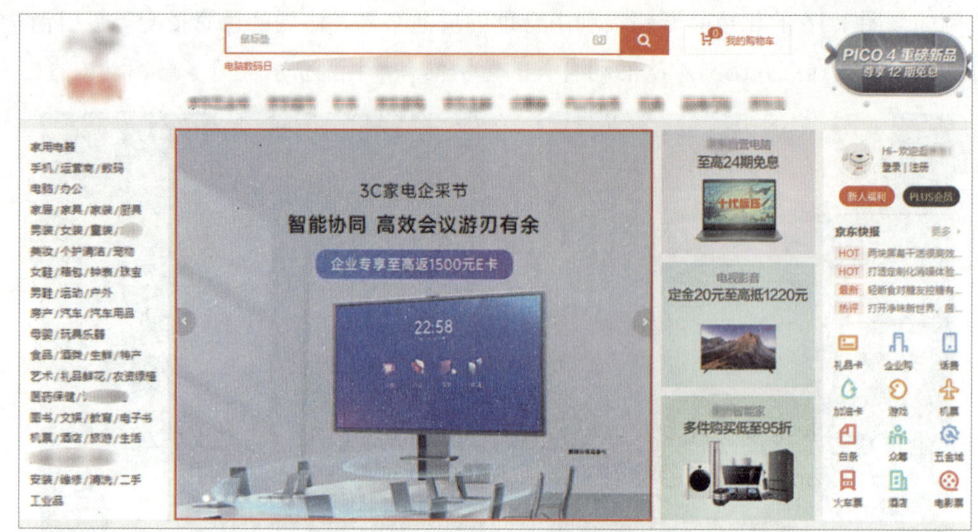

图 1-17　家电产品推广图

1.4 分析电商视觉营销在故宫文化店铺中的应用

下面以故宫文化店铺首页（见图 1-18）为例，分析电商视觉营销在店铺中的应用。

（1）视觉识别系统。在店铺招牌中加入品牌标志、口号，方便消费者识别品牌，同时有利于品牌的宣传和传播。

（2）配色。我国有一种独特的传统绘画形式“青绿山水”，采用这种绘画形式绘制的山水画能充分表现山川之壮丽，江河之秀美。故宫文化店铺首页就是采用这种绘画形式中的配色，力求打造独特的中国品牌形象。另外，该店铺首页还将一些信息用红色表现出来，使信息突显的同时与青色形成对比，增加画面的视觉冲击力，以吸引消费者目光。

（3）构图。大部分图片都是一侧放置商品，另一侧放置文案，这样构图可以形成一个协调、完整的画面，为画面增添感染力，以吸引消费者关注。

（4）商品。每幅商品图片都将商品的外观和特色清晰地展现出来，可以让消费者直观地了解商品。另外，在商品图片中加入折扇、祥云等中国元素，不仅能更好地烘托商品，还能强化消费者对品牌形象的记忆。

（5）文案。从文案内容角度看，该店铺首页充分展示了促销信息和商品信息，方便消费者了解店铺动态和活动信息；从文案外形角度看，其采用我国古代字体——宋体，具有中国书法的审美韵味，可以为画面增加东方传统气韵，并且此类字体具有结构严谨、整齐均匀等特点，使消费者在阅读时有一种舒适感，从而获得良好的浏览体验。

可以说，该店铺首页既保证了信息的有效传达，又考虑到了消费者的视觉体验，还兼顾了画面的美观度，很难不引起消费者关注。

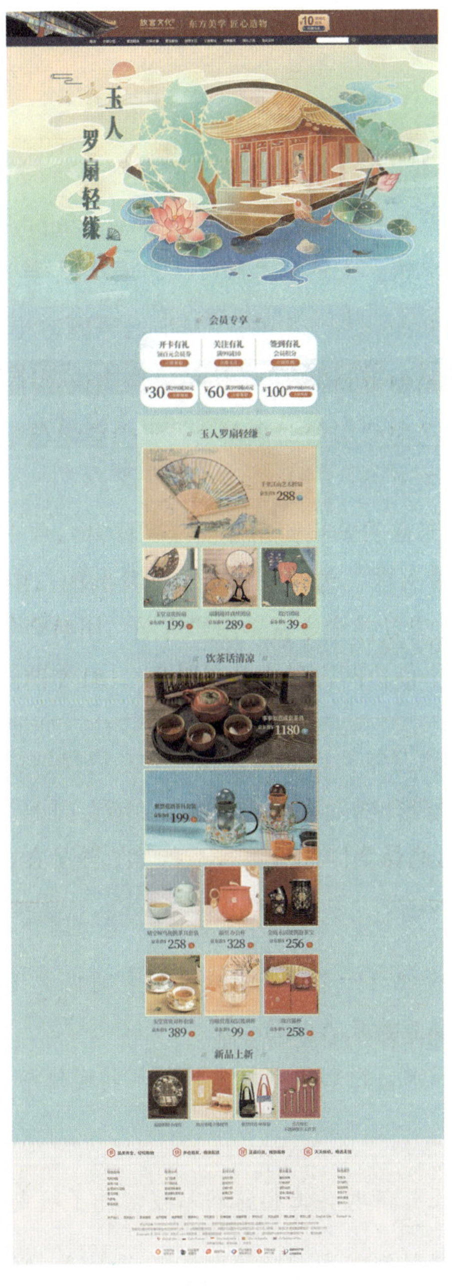

图 1-18　故宫文化店铺首页

本章实训——了解电商视觉设计师

随着电子商务的不断发展和壮大，主流电商平台呈现出店铺繁多、商品繁杂的情况，随之而来的就是店铺同质化现象。如何让自己的店铺在众多店铺中脱颖而出呢？这就需要对店铺进行视觉营销设计。在店铺运营过程中，负责店铺页面视觉营销设计的工作者称为电商视觉设计师。

1. 了解电商视觉设计师的岗位职责与技能要求

下面利用 BOSS 直聘网站了解电商视觉设计师的岗位职责与技能要求。

（1）打开 BOSS 直聘官方网站（网址为 https://www.zhipin.com）。

（2）在该网站搜索框中输入关键字“电商视觉设计师”，并按“Enter”键进行搜索，页面会显示多条与电商视觉设计师相关的招聘信息，如图 1-19 所示。

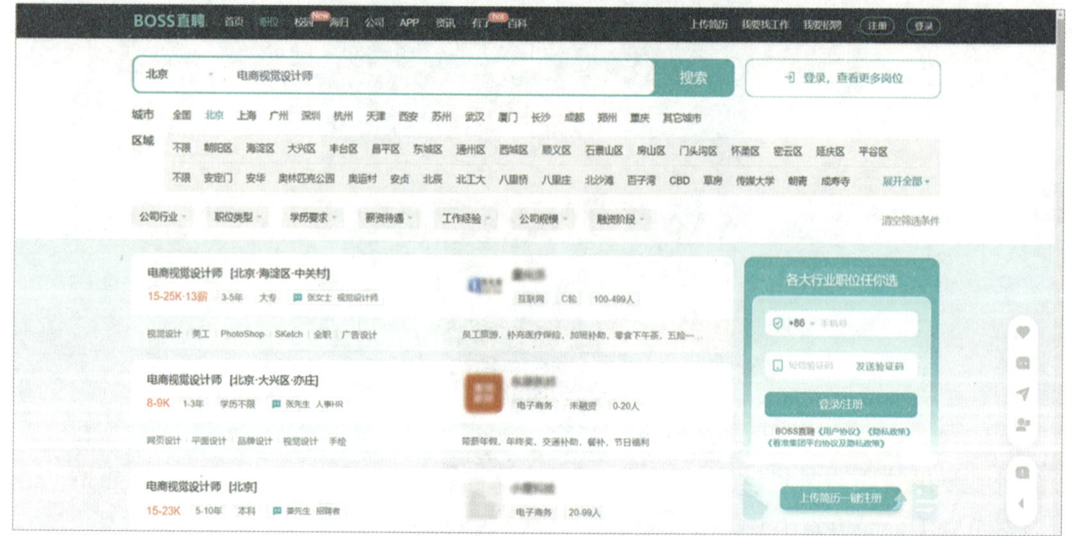

图 1-19 “电商视觉设计师”搜索结果

（3）在搜索结果中选择任意一条，查看企业对电商视觉设计师岗位职责与技能要求的描述。采用同样的方法多查看几条招聘信息。

（4）根据查看的招聘信息，总结电商视觉设计师的岗位职责与技能要求。

 **小提示**

（1）参照上述方法还可借助其他招聘网站搜索并了解电商视觉设计师的岗位职责与技能要求。

（2）网上求职要加强安全意识、保护好个人资料，无论对方给出什么理由，都不要轻易给对方汇款，也不要随意打开来路不明的网址。

2. 了解电商视觉设计师的发展前景

（1）查找国家为扶持电子商务发展出台的政策、举办的会议（如中国电子商务大会），分析电商视觉设计师的发展前景。

（2）借助一些网站的资讯、报告了解电子商务行业情况，如全国电子商务公共服务网（网址为 https://dzswgf.mofcom.gov.cn），分析电商视觉设计师的发展前景。

（3）阅读一些关于电子商务行业深度调研及前景预测的书籍，分析电商视觉设计师的发展前景。

（4）调研电商视觉设计师相关岗位的薪资及涨幅情况，分析电商视觉设计师的发展前景。

大赛直通车

全国职业院校技能大赛是教育部发起并牵头，联合国务院有关部门以及有关行业、人民团体、学术团体和地方共同举办的一项公益性、全国性职业院校学生综合技能竞赛活动。大赛分为中职组、高职组等，而“视觉营销”是高职组电子商务技能赛项的竞赛内容之一。大赛要求此竞赛内容参赛者熟悉PC店铺、跨境店铺和移动店铺开设流程与规范，掌握商品属性、展示方式、信息采集、美术等知识，以及具备文案策划、商品图片处理、广告设计、首页设计、详情页设计、专题页设计等技能。

扫一扫

高职组电子商务技能赛项介绍

作为一名青年学生，提升自己的综合素质非常重要，而参加技能大赛正是督促自己学习技能及证明自己实力的重要方式。因此，大家应踊跃参加各类技能大赛，不断提升自己各方面的能力，为以后的职业发展奠定良好的基础。

第2章

浅析电商视觉营销设计基础

章|前|导|语

要想获得良好的电商视觉营销效果，精心的设计必不可少，如合理运用色彩提升店铺格调，善用点线面为店铺聚焦，充分利用构图让店铺更出彩……本章将介绍电商视觉营销设计的基础知识。

知|识|目|标

- 熟悉电商视觉营销设计的原则和基本流程。
- 掌握搜集文案和图片素材的方法。
- 掌握配色技巧、点线面运用技巧及构图技巧。

技|能|目|标

- 能够通过合适的方法和途径高效搜集素材。
- 能够从配色、构图等角度，对店铺进行合理的视觉营销设计。
- 能够赏析优秀店铺，并从中提炼电商视觉营销设计技巧。

素|质|目|标

- 夯实基础，助力个人的长远发展。
- 增强法治意识，自觉用相关法律法规规范自身行为。

2.1 初识电商视觉营销设计

在进行视觉营销设计之前，首先要了解电商视觉营销设计的原则和基本流程。

2.1.1 电商视觉营销设计的四大原则

电商视觉营销设计需要遵循一定的原则，这些原则包括目的性原则、美观性原则、统一性原则和易用性原则等。

1. 目的性原则

目的性原则是电商视觉营销设计的首要原则。网店是数字化的店铺，通过视觉设计来吸引消费者是其视觉营销设计最重要的目的。因此，在开展视觉营销设计工作时，应先根据品牌和商品定位确定目标消费群体，然后根据目标消费群体的喜好确定店铺视觉定位，接着有针对性地对店铺进行视觉营销设计，这样才能使店铺视觉呈现与目标消费群体的喜好相吻合。

例如，图 2-1 为某男装店铺首页，该店铺的目标消费群体为 35 ～ 45 岁男性，因此页面使用的颜色较暗且单一，以彰显这个阶段男性的成熟与稳重；而图 2-2 为某女装店铺首页，该店铺的目标消费群体为 25 ～ 30 岁女性，因此页面使用的颜色较亮且多样，以表现这个阶段女性的青春与活力。

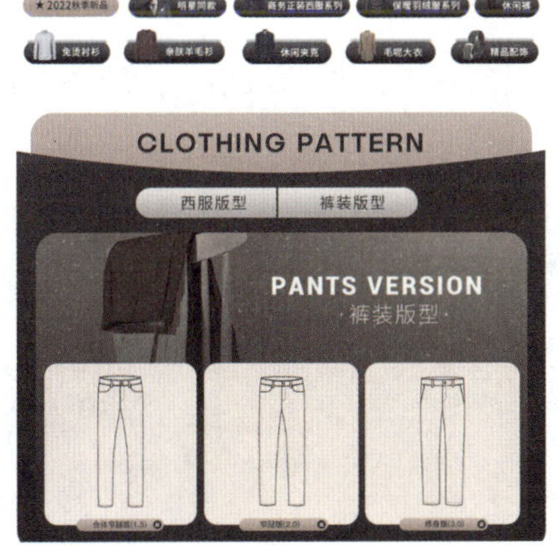

图 2-1 某男装店铺首页（部分）

图 2-2 某女装店铺首页（部分）

2. 美观性原则

优秀的视觉营销设计应具备协调的色彩搭配、合理的构图、独特的创意等，这样才能吸引消费者注意，让消费者在愉悦的视觉体验中购买商品和记住品牌。

例如，图 2-3 的运动鞋店铺首页采用“橙、紫”配色，使画面看起来十分协调；将运动鞋倾斜摆放，能为画面增加张力；将运动鞋放在跑道的起跑线处，巧妙体现了商品的运动性能，整个画面极具创意，能够快速吸引消费者目光。

图 2-3　运动鞋店铺首页（部分）

3．统一性原则

当店铺的视觉呈现与品牌形象、商品定位一致，或者网店各个页面的设计风格统一时，可以有效强化品牌形象，让消费者对品牌有统一、完整的认识。这也是提升店铺形象最直接的方法。

例如，图 2-4 的数码产品店铺首页和手机详情页采用统一的设计风格，能让浏览该店铺的消费者对品牌的印象更加深刻。

图 2-4　数码产品店铺首页（部分）和手机详情页（部分）

4. 易用性原则

易用性关系着消费者的体验感，只有操作方便、浏览流畅的页面，才能给消费者带来良好的购物体验，从而促进商品销售、提升品牌影响力。易用性原则在店铺视觉营销设计中主要体现在商品类目的划分、购物路径的优化两个方面。

（1）商品类目的划分：店铺中商品类目的划分层次不宜过多，且尽量不要重复，以免让消费者产生混乱感。在实际应用中，商品类目通常划分为两个层次，如图 2-5 所示。

图 2-5　商品类目

（2）购物路径的优化：设计店铺页面的购物路径时，要尽量保证消费者无论浏览到页面的哪个部分，都能够方便地购买商品。例如，在店铺页尾添加底部导航，可以方便消费者查找、选购商品。

2.1.2　电商视觉营销设计的五个步骤

电商视觉营销设计的基本流程如图 2-6 所示。

图 2-6　电商视觉营销设计的基本流程

（1）调研与策划：在正式对店铺进行视觉营销设计之前需要开展调研工作，首先收集信息，如目标消费者信息；然后对收集到的信息进行研究分析，如分析目标消费者的消费习惯、审美偏好等，以确定消费者需求；接着根据分析结果有针对性地策划营销活动，最终形成一套完整的策划方案。

（2）搜集资料：根据策划方案搜集资料，包括文案、图片等，为后续的视觉营销设计做准备。

（3）设计：构思整个店铺的视觉呈现效果，包括色彩、构图方式、图片的选择，文案的编写等。

（4）制作与投放：利用图像处理软件将构思好的店铺视觉呈现效果制作出来并进行切片，然后上传到店铺中，完整的店铺页面就可以展示在消费者面前了。

（5）数据化分析：通过分析流量、转化率、客单价等店铺经营基础数据，可以得出店铺视觉营销的基本情况。如果这些数据“可观”，说明店铺视觉营销效果较好；反之，说明店铺视觉营销效果不佳，此时就需要结合这些数据对各个页面进行优化，直至获得满意的效果。

知识库

流量：店铺的访问量，主要用来描述店铺的访问数及消费者浏览页面的次数。影响流量的因素有商品图片、商品标题关键词、商品价格等。其中，商品图片是主要影响因素之一。

转化率：产生购买行为的人数与进入店铺人数的比率，是衡量店铺销售情况的重要因素。影响转化率的因素有店铺首页、商品详情页、商品价格、商品评价等。其中，店铺首页和商品详情页的视觉效果对转化率起着至关重要的作用。

客单价：消费者平均购买商品的金额，是与店铺销售额息息相关的重要数据。在同等成交人数的基础上，客单价越高，店铺的销售额就越高。提高消费者单笔购买金额的方式主要包括关联销售、营销活动、客服推荐等。

2.2 学会搜集素材，让营销更高效

亮眼的电商视觉营销设计效果离不开合理且恰当的素材使用，因此懂得“约会”素材就显得尤为重要了。本节将介绍文案和图片素材的搜集方法。

2.2.1 文案素材的四大高效搜集法

刚接触营销的人在写文案时总会遇到无从下笔，或者写出来的文案辞藻华丽却空洞无物，又或者文案内容逻辑混乱、词不达意等情况，这是因为他们积累的相关素材较少。接下来就介绍文案的四大高效搜集法，帮助大家建立属于自己的文案素材库。

（1）认真观察并记录生活。在生活中遇到的任何事情都可以记录下来，因为它可能是很好的文案素材。在记录时可以加上自己对这件事情的评价和感受，这些评价和感受

可能会成为文案创作的“突破口”。这是一种成本很低却能有效积累文案素材的方式。

例如，许多果汁饮料的商品包装上会有这样一排小字“如有沉淀，为果肉沉淀，摇匀后请放心饮用”，这排小字的本意是消除误会——有了沉淀并非商品有问题，喝前摇匀即可。但是农夫果园相关负责人却认为它是一个很好的卖点，反而证明商品的水果含量高，于是把它装扮一新，包装成了一句绝妙的广告语“喝前摇一摇”（见图 2-7），该广告语为农夫果园“摇”来了不少的销量。

图 2-7　农夫果园海报

（2）利用网络搜集文案素材。现在的网络非常发达，发达到足不出户就能知晓天下事。利用网络多看不同类型、领域的文章、资讯、热点事件，以及不同国家、不同年代、不同载体的广告，将这些元素整合发酵，会给文案编写提供意想不到的帮助，不仅如此，长此以往还可以拓宽知识面、开阔思路、提高写作水平。总之，利用好网络这个取之不尽、用之不竭的大宝库，有助于个人各个方面能力的飞速提升。

例如，2022 年北京冬季奥运会上谷爱凌为国争光，许多品牌借势营销，其中瑞幸咖啡凭借谷爱凌的“东风”为自己博得了不少眼球。在瑞幸咖啡海报中，除了有谷爱凌的“身影”，还有“飒飒飒 恭喜谷爱凌 2 金 1 银 YYDS”“年轻，就是尽 99% 的努力，1% 交给幸运”“年轻，就要瑞幸”等全新的品牌宣传文案，这些文案的设计令瑞幸成为该时段唯一登上热搜高位的品牌。

小提示

借势营销是将销售目的隐藏于营销活动之中，将商品的推广融入消费者喜闻乐见的环境里，使消费者在这个环境中了解商品并接受商品的营销手段。换句话说，借势营销就是通过顺势、造势、借势等方式，提高品牌或商品的知名度、美誉度，树立良好的品牌形象，并促成商品销售的营销策略。需要注意的是，商家在进行借势营销时，应符合法律法规相关条例。

（3）**根据消费者反馈搜集文案素材**。有消费者真实感受的文案会增加商品的真实性，更容易让消费者信服，从而调动消费者的购买积极性，进而提高店铺的转化率。因此，商家可以将消费者关于商品的真实反馈信息作为素材摘记出来，留作必要时使用。

（4）**通过实践体验获得文案素材**。把自己当作消费者，然后亲身体验商品，对商品做出客观评价，并记录下使用商品的感受，这些也可以作为文案的素材积累。

小提示

文案素材库的建立不是一朝一夕就能完成的，而是需要一个长期不懈的过程。建议大家平时要不断地搜集、积累，不断地更新、修正，持续为文案素材库增加素材。

2.2.2 图片素材的两大搜集途径

常用的图片素材搜集途径有拍摄图片和借助网络搜集图片两种。

1. 拍摄图片

一般来说，店铺页面展示的商品图片大多来自拍摄，以确保展示在消费者面前的商品是真实可靠的。采用拍摄途径获得图片素材通常要经过如下流程。

（1）**准备并检查拍摄器材**。开拍之前，拍摄者要准备好拍摄会用到的所有器材，如相机、便携式摄影棚、背景纸、反光板、柔光箱等，并检查是否损坏，以保证拍摄的顺利完成。项链拍摄器材准备如图 2-8 所示。

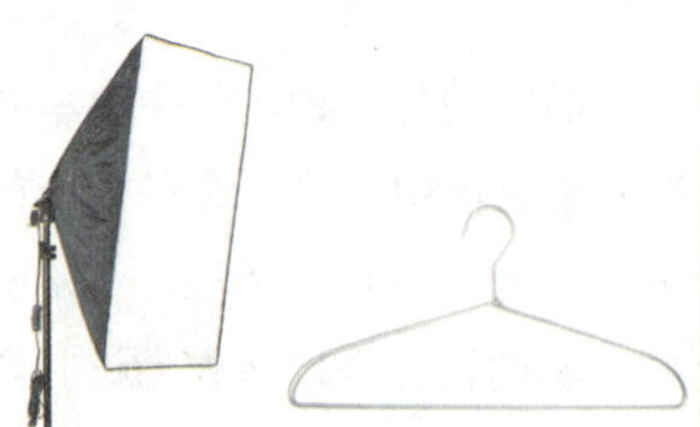

图 2-8　拍摄器材准备

（2）布置拍摄环境。首先要根据商品大小选择合适的拍摄环境，然后根据拍摄需要摆放商品，此时应注意商品摆放的位置和角度，接着为商品搭配合适的背景与道具。项链拍摄环境布置如图 2-9 所示。

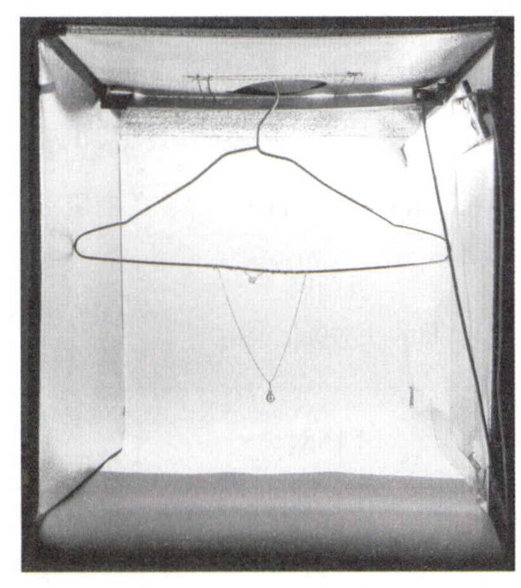

图 2-9　拍摄环境布置

（3）布光。众所周知，肉眼所看到的一切事物都是由物体对光线的反射所致。拍摄商品时，要如实描述商品本身的结构、形态、颜色、质感，就要通过布光来实现。通常，拍摄反光类商品时要用柔和的光线照明，以免商品表面出现难看的光斑；拍摄吸光类商品时，如果商品表面比较粗糙，可用硬朗的光线照明，以表现其质感。项链布光如图 2-10 所示。

（4）拍摄。首先根据拍摄环境设置相机参数，然后确定构图方式、拍摄角度等，最后开展拍摄工作。项链拍摄效果如图 2-11 所示。需要注意的是，应尽量多拍摄一些素材，便于挑选的同时，可避免返工情况的发生。

图 2-10　布光

图 2-11　拍摄效果

（5）修图。拍摄完的商品图片往往会因为一些因素无法直接使用，还需利用图像处理软件进行调整，如二次构图、修复瑕疵、调色等，使图片更加美观的同时方便使用。需要注意的是，修图时切不可过度美化商品，以免消费者无法真正地了解商品。

2. 借助网络搜集图片

一些图片的搜集也可以借助网络，下面介绍几个常用的图片素材网站，如表 2-1 所示。

表 2-1 常用的图片素材网站

名称及网址	介绍
包图网（https://ibaotu.com）	包括数量超 3000 万的正版图片、视频、音频等素材，这些素材均可商用，但要下载这些素材需付费开通 VIP
摄图网（https://699pic.com）	提供丰富的多媒体素材，涵盖图片、视频、创意背景、设计模板、GIF 动图、办公文档、插画、音乐等，这些素材均可商用，但要下载这些素材需付费开通 VIP
千图网（https://www.58pic.com）	提供图片、矢量图、PSD 源文件、网页、3D 模型、PPT、画册、图标等多种素材下载，并设有“免费专区”，允许普通用户在此专区内每日免费下载一次素材
花瓣网（https://huaban.com）	一个图片分享社区，其中收集了众多图片，涵盖平面、插画、漫画、摄影、游戏、动漫、工业设计、建筑设计、人文艺术、家居家装、女装搭配、男士风尚等多种类型
Iconfont（https://www.iconfont.cn）	中文名称是“阿里巴巴矢量图标库”，提供矢量图下载、在线存储、格式转换等功能。该网站中的矢量图资源十分丰富，且大部分都可以免费下载，但用于商业用途需获得原作者授权
Unsplash（https://unsplash.com）	提供可免费下载的、免授权使用的高质量图片。其中的图片大多由专业摄影师拍摄并上传，普遍具有设计感
Pixabay（https://pixabay.com）	提供可免费下载的图片资源，这些图片涉及人物、动物等多种形象，以及交通、医疗、金融等多个领域，具有多种分辨率，且均遵循 CC0 协议，可免授权用于商业用途
Pexels（https://www.pexels.com）	提供图片和视频资源，该网站的所有内容均遵循 CC0 协议，可免费下载和商用

知识库

CC0 协议是国际知名组织“知识共享组织”（Creative Commons）所提供的一种版权许可协议。若文字、图片、音频、视频等作品遵循 CC0 协议，表示作品的著作权人已放弃对其享有的版权，将其贡献到了公共领域中。简单来说就是，遵循了 CC0 协议的作品可以随意使用。

2.3 合理运用色彩，让营销更出色

色彩是影响视觉效果的重要因素，要想得到满意的色彩搭配效果，就需要了解色彩的基础知识及传递的情感，并掌握色彩搭配的技巧。

2.3.1 色彩三要素

在有彩色系中，任何一种颜色都具有色相、纯度、明度这三个基本属性，它们被称为色彩三要素。

（1）色相：是指色彩的相貌，它是色彩的首要特征，用于区别不同的颜色，如红色、橙色、黄色、绿色、蓝色、紫色等，如图 2-12 所示。

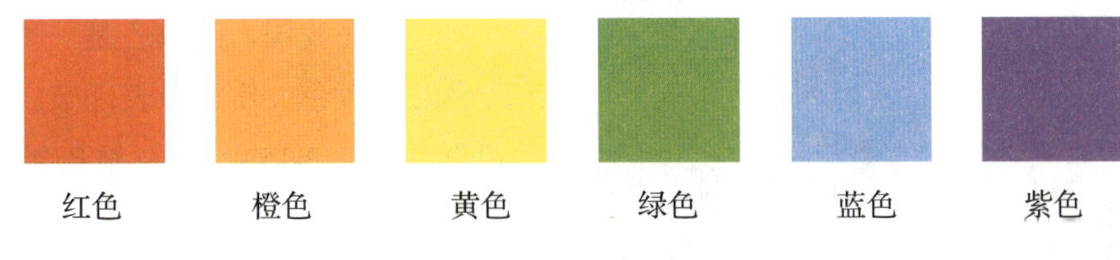

图 2-12 色 相

（2）纯度：是指色彩的纯净程度，也称饱和度。色彩纯度的高低取决于该色彩中主色和杂色的比例，主色比例越大，纯度越高，色彩越鲜艳；反之，纯度越低，色彩越暗淡。例如，若红色为主色，灰色为杂色，为红色加入不同比例的灰色后，红色的纯度变化如图 2-13 所示。

图 2-13 纯 度

（3）明度：是指色彩的明暗程度。色彩的明度有两种情况，一是同一色相的不同明度，如在同一种颜色中加入不同比例的黑色后产生不同的明暗层次（见图 2-14），二是各种色相之间的明度差别，如在同样的纯度下，黄色的明度最高，紫色的明度最低。

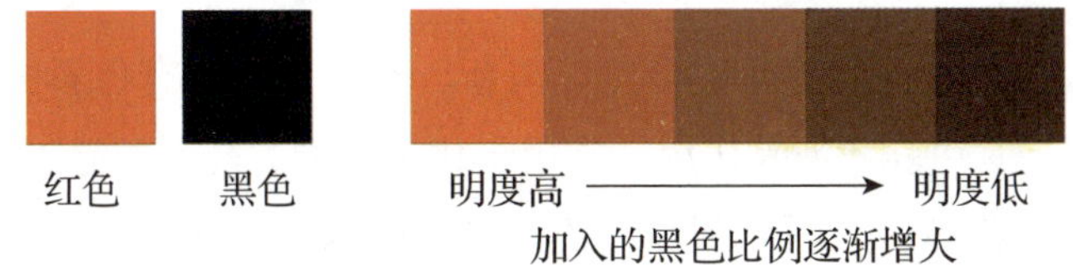

图 2-14 明 度

2.3.2 色彩表达的情感

色彩的感官联想

色彩本没有具体的意象，但人们却能感受到色彩传递的情感，这是因为人们在这个五彩缤纷的世界中积累了许多关于色彩的视觉经验，当这些经验与外来色彩产生一定的呼应时，就会在人们的心理上引发某种情绪，这就是色彩带给人的视觉效应。因此，在对店铺进行视觉营销设计时，应根据品牌特性和商品属性，恰当地使用色彩。

图 2-15　红色在节日促销专题页中的应用

（1）红色系。红色易使人联想到太阳、节日、火焰等，象征着喜悦、热情、自信、活泼、积极等。以红色为主的画面视觉冲击力强，能瞬间吸引人们的目光。在我国，红色还是一种具有喜庆色彩的颜色，常用于表现节日促销专题页（见图 2-15），以及婚庆类店铺页面等。

（2）黄色系。黄色是有彩色系中明度最高、最活跃的颜色，象征着活力、轻快、开朗、辉煌、希望等（橙色是红色和黄色的中间色，其视觉效应与黄色相似），常用于童装类（见图 2-16）、食品类等店铺页面中。

图 2-16　黄色在童装海报中的应用

（3）绿色系。绿色象征着健康、自然、清新、安全，是所有色彩中最能让人放松的颜色，它对人的精神有镇静和恢复作用，常用于化妆品类、药品类等店铺页面中。

（4）蓝色系。蓝色易让人联想到高远的天空、广阔的海洋、深邃的宇宙等，象征着静谧、深邃、理智、深沉、现代等（青色是蓝色和绿色的中间色，其视觉效应与蓝色相似），常用于数码类、生活电器类（见图 2-17）等店铺页面中。

（5）紫色系。紫色是由温暖的红色和静谧的蓝色混合而成的颜色，其视觉效应比较复杂，明度不同，表现出的情感截然不同。例如，深紫色给人神秘、忧郁等感觉；浅紫色给人清新、梦幻等感觉；而明度适中的紫色给人高贵、浪漫、优雅等感觉。在店铺视觉营销设计中，紫色常用于饰品类、化妆品类等店铺页面中。

图 2-17　蓝色在生活电器海报中的应用

（6）无彩色系。无彩色系包括金属色、白色、灰色和黑色。其中，金属色也称光泽色，主要指金色和银色，是最华丽的颜色，恰当地使用金属色有利于提升商品和店铺的品质与档次；白色象征着纯洁、神圣、干净、雅致，一些文艺范、高雅范的商品和店铺中，常使用白色作为画面主色，从而突显商品格调；灰色象征着沉稳、高雅、温和，任何颜色都可以与其搭配使用，因此其常用作背景颜色；黑色象征着深沉、庄重、严肃，属于百搭色，与其他颜色结合使用，能表现出丰富多变的效果。在店铺视觉营销设计中，无彩色系常用于数码类（见图 2-18）、高档饰品类等店铺页面中。

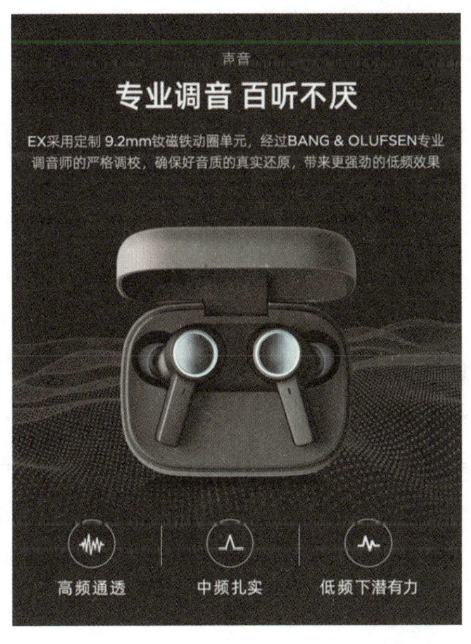

图 2-18　黑色在耳机详情页中的应用

知识库

色彩基调影响着店铺风格。例如，视觉营销设计中大面积使用明度、纯度较高的绿色，就会使店铺呈现小清新风，如图 2-19 所示；大面积使用中国传统色彩——鹅黄色，就会使店铺呈现中国风，如图 2-20 所示。

图 2-19　小清新风店铺首页（部分）

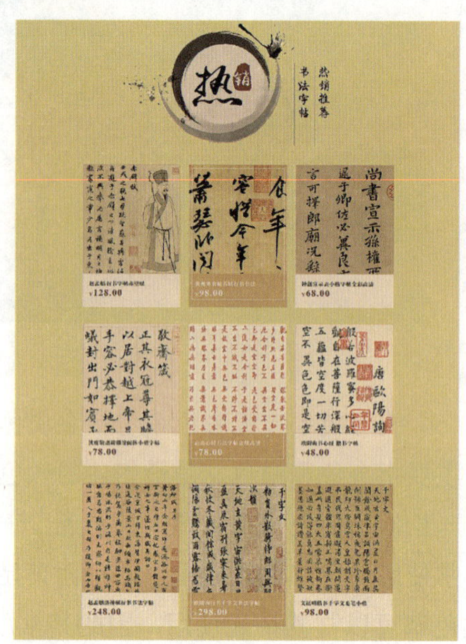

图 2-20　中国风店铺首页（部分）

2.3.3　三大配色技巧

在进行视觉营销设计时，恰当地采用色彩搭配小技巧，可以使画面效果更加协调、亮眼，从而吸引更多消费者的注意。下面介绍店铺视觉营销设计中常用的三大配色技巧。

1. 色相对比配色

色相对比是指两种以上的颜色因色相差别而形成的对比。色相对比是色彩搭配时最常用的方法。色相环上颜色间的距离决定了色相对比的强弱，距离越近，对比越弱；距离越远，对比越强。

（1）同类色对比： 色相环上相差 15° 以内的色彩称为同类色，如图 2-21 所示。同类色对比通常是同一色相中的不同纯度与不同明度的色彩对比，易产生柔和、协调的画面效果。例如，图 2-22 的女士挎包海报中采用不同明度的红色搭配，整个画面十分协调，给人以柔和、舒适的感觉。

图 2-21　同类色

图 2-22　同类色对比在女士挎包海报中的应用

（2）邻近色对比：色相环上相差 15°～30°的色彩称为邻近色，如图 2-23 所示。运用邻近色对比的画面色调和谐统一，具有雅致、柔和的特性。例如，图 2-24 的化妆品店铺首页中采用橙色和黄色搭配，整个画面和谐统一，给人以温和、细腻的感觉。

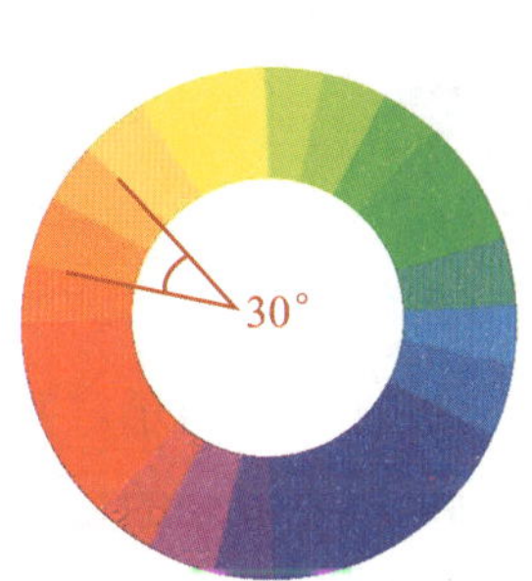

图 2-23　邻近色

图 2-24　邻近色对比在化妆品专题页中的应用

（3）类似色对比：色相环上相差 30°～60°的色彩称为类似色，如图 2-25 所示。类似色对比拥有邻近色对比的特性，又较邻近色对比显得更加丰富、活泼。例如，图 2-26 的家居用品海报中采用红色和黄色搭配，整个画面既和谐又活泼，给人以饱满、热情的感觉。

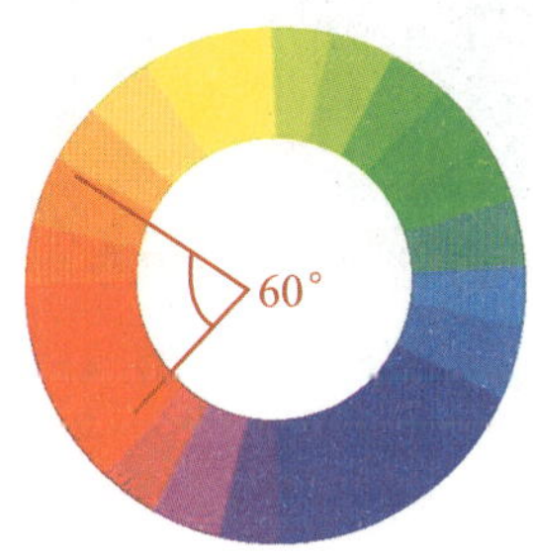

图 2-25　类似色

图 2-26　类似色对比在家居用品海报中的应用

（4）对比色对比：色相环上相差 120° 左右的色彩称为对比色，如图 2-27 所示。运用对比色对比的画面具有醒目、饱满、动感等视觉效果。但对比色在色相环上的跨度较大，容易使人产生视觉及精神上的疲劳，因此适当降低对比色的纯度，可为画面增添和谐之感。例如，图 2-28 的湿巾详情页中采用绿色和黄色搭配，整个画面十分饱满，给人以鲜明、轻快的感觉。

图 2-27　对比色

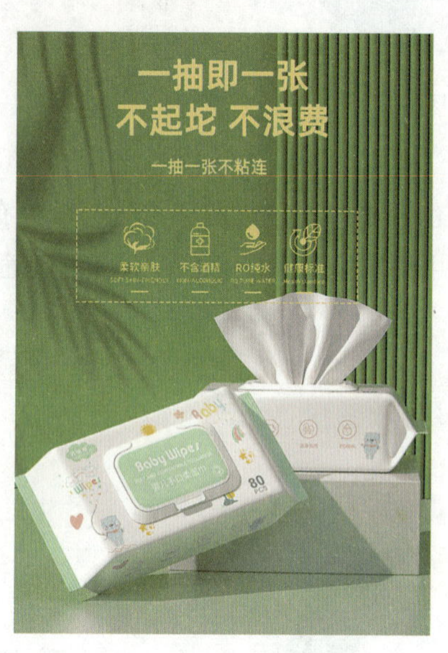

图 2-28　对比色对比在湿巾详情页中的应用

（5）互补色对比：色相环上相差 180° 左右的色彩称为互补色，如图 2-29 所示。互补色对比是色相对比中最强烈的色彩搭配，因此运用互补色对比的画面具有极强的视觉冲击力。例如，图 2-30 的服装海报中采用蓝色和黄色搭配，整个画面十分鲜明、艳丽，给人以强烈、刺激的感觉。

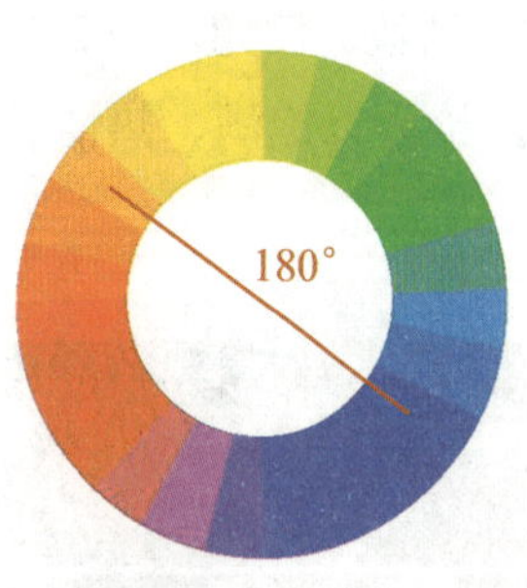

图 2-29　互补色

图 2-30　互补色对比在服装海报中的应用

2. 冷暖对比配色

色彩的冷暖对比是指因色彩感觉的冷暖差异而形成的对比。色相是影响色彩冷暖的主要因素。从色彩心理学的角度来说，最冷的颜色是蓝色，最暖的颜色是橙色，蓝色与橙色是色彩冷暖的两个极端，同时也是一对互补色。如果在色相环上将冷暖的两极互相连线，就可以清楚地区分出冷暖两组色彩，即红色、橙色、黄色为暖色，蓝紫色、蓝色、蓝绿色为冷色，如图 2-31 所示。另外，绿色、紫色为中性色。

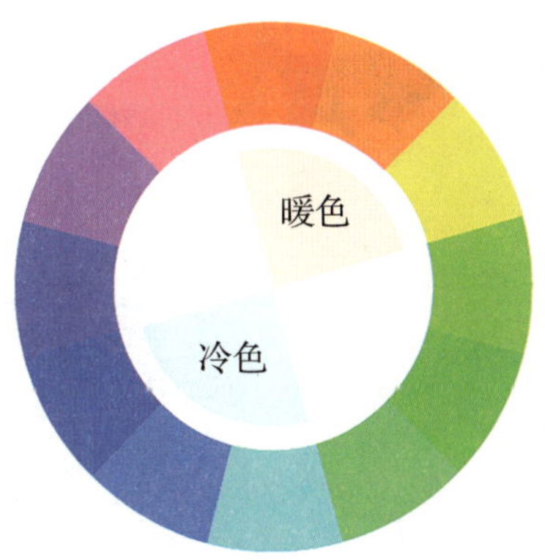

图 2-31　冷暖色彩划分

（1）对比性暖色调：指画面中面积最大、作用最强的色彩属于暖色调，整个画面只辅以小面积的冷色调。例如，图 2-32 的母婴用品详情页中大面积使用橙色、黄色，小面积使用蓝色，整个画面既和谐又富有变化。

（2）对比性冷色调：指画面中面积最大、作用最强的色彩属于冷色调，整个画面只辅以小面积的暖色调。例如，图 2-33 的电子产品详情页中大面积使用蓝色，小面积使用黄色，整个画面柔和、统一。

图 2-32　对比性暖色调在母婴用品详情页中的应用

图 2-33　对比性冷色调在电子产品详情页中的应用

3. 渐变与分离配色

渐变配色是不同色彩之间过渡和缓的配色方法，采用渐变配色的画面能给人温柔、唯美的感觉，如图 2-34 所示。分离配色是不同色彩之间界限分明的配色方法，采用分离配色的画面能给人利落、整齐的感觉，如图 2-35 所示。

图 2-34　采用渐变配色的画面效果

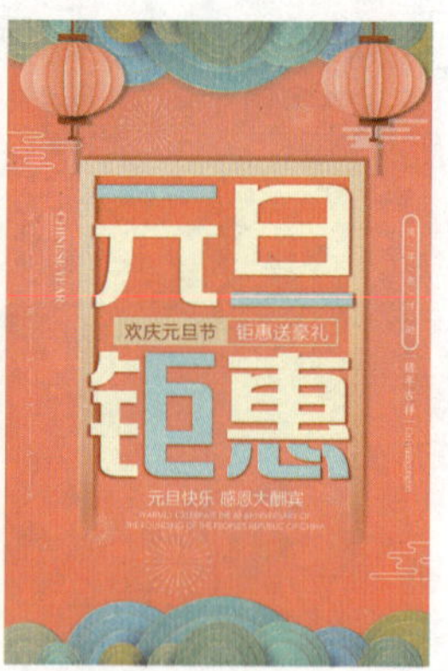

图 2-35　采用分离配色的画面效果

小提示

看到一些配色舒适、惊艳的作品时，可将其中的颜色提取出来并应用到自己的作品中。另外，还可以借助一些专门的配色网站进行配色，如 Adobe Color（https://color.adobe.com）、WebGradients（https://webgradients.com）。其中，Adobe Color 是比较权威的色彩搭配网站之一，拥有来自全世界设计师的配色方案，其数量和质量都比较高；WebGradients 提供了大量漂亮的渐变配色方案，以及配色方案下载和 CSS 代码复制功能。

2.4 善用点线面，让营销更加灵活多变

点线面是视觉营销设计的基础，在电商视觉营销设计中，恰当地使用这些元素，不仅能增强页面信息传达的舒适性，还能丰富页面的表现形式，给消费者留下深刻的视觉印象。

2.4.1 点的张力

扫一扫

如何更好地运用点元素

点元素是一种具有大小和形状的构成元素，是视觉营销设计中最小的单位。在电商视觉营销设计中，一个文字、一个按钮等均可以视

为一个点。虽然点元素在视觉表现中的级别最低，但是通过对其进行巧妙的设计，可以使其在视觉呈现中“脱颖而出”，营造不一样的视觉美感。

例如，在视觉营销设计时通过为个别文字和按钮添加区别于其他文字和按钮的特定颜色，可以使其成为吸引消费者目光的焦点区域，如图 2-36 所示。

图 2-36　点元素在平板电脑海报中的应用

2.4.2　线的自如

点的移动轨迹形成了线。线元素是一种具有长度、宽度和面积的构成元素。它在电商视觉营销设计中有多种不同的表现形式，如粗细、虚实、曲直等，不同的表现形式对画面效果的作用不同，如粗线可以使被其装饰的文案突显出来，曲线可以增加画面的柔美度和流动性，但都可以起到丰富画面效果的作用。线元素在视觉表现中的级别稍高于点元素，对线元素本身具有的延伸性加以设计，可以使其成为消费者的视觉引导线，使消费者的目光聚集到主体上。

例如，在背景中加入直线，可以增加画面的方向感和动感，不仅如此，将两条直线交叉摆放，可以将消费者的目光引导至交叉点，此时将主体放在交叉点上，就可以将消费者目光引导至主体上，如图 2-37 所示。

图 2-37　线元素在服装海报中的应用

2.4.3 面的整体感

线的移动轨迹形成了面，当然也可以将面视为放大后的点，因此面元素是一种具有长度、宽度、面积和形状的构成元素。面元素在视觉表现中的级别最高，但不如点元素和线元素更加灵活多变。在电商视觉营销设计中，通过对面元素面积大小、层叠关系等的设计，可以增强页面的表现力。

例如，将同一色相、不同明度的面进行合理安排，可以增强画面的空间感，使其更具表现力，如图 2-38 所示。

图 2-38 面元素在口红详情页中的应用

2.5 打造最佳构图，让营销更有感染力

优秀的视觉营销设计离不开高质量的构图设计，构图做得好，画面的协调性、平衡性、视觉流畅感都会随之提高。

2.5.1 八种常见的构图方式

构图就是处理画面中文字、图片、图形等元素之间的关系，使之构成一个协调、完整的画面。下面介绍几种电商视觉营销设计中常用的构图方式。

（1）水平线构图：将重要元素安排在画面水平线上的构图方式。采用水平线构图的画面能表现出稳定、平和、安静的气氛，如图 2-39 所示。

（2）**垂直线构图**：将重要元素安排在画面垂直线上的构图方式。采用垂直线构图的画面给人高耸、挺拔的感觉。

（3）**对角线构图**：也称斜线构图，是将重要元素安排在画面对角线上或对角线附近的构图方式。此构图方式有效利用画面对角线的长度，使视角显得更加开阔，为画面增加延伸感、运动感，如图 2-40 所示。

图 2-39　水平线构图

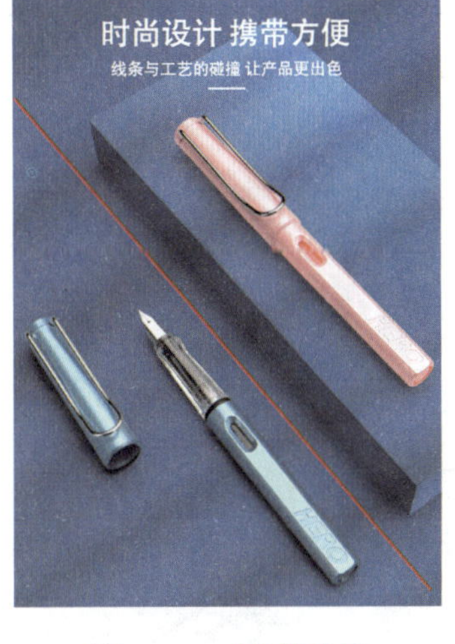

图 2-40　对角线构图

（4）**曲线构图**：将重要元素呈曲线摆放或排列的构图方式。采用曲线构图的画面给人优美、雅致、灵动的感觉，如图 2-41 所示。

（5）**对称构图**：画面中左右或上下部分的元素大小、形状基本一致的构图方式。采用对称构图的画面给人和谐、稳定的感觉，如图 2-42 所示。

（6）**中心构图**：将重要元素摆放在画面中心位置的构图方式。采用中心构图的画面不仅给人端正、整齐的感觉，还能明确突出主体，如图 2-43 所示。

图 2-41　曲线构图

图 2-42　对称构图

图 2-43　中心构图

（7）三角形构图：以三个视觉中心为元素主要摆放位置的构图方式。这三个视觉中心构成的三角形可以是正三角、斜三角或倒三角。采用三角形构图的画面给人稳定、均衡的感觉，如图 2-44 所示。

（8）九宫格构图：也称井字构图或三分法构图，是将画面的横向和竖向分别用两条直线平均分成三份的构图方式。其中，横竖线称为黄金分割线，其相交的四个点称为趣味点或黄金分割点。黄金分割点是点元素主体放置的最佳位置；若主体是线元素，则最宜放置在黄金分割线上或附近，如图 2-45 所示。

图 2-44　三角形构图

图 2-45　九宫格构图

课堂互动

构图方式多种多样，快来说一说你还见过哪些呢？扫一扫，了解更多的构图方式。

扫一扫

棋盘式构图和框架式构图

2.5.2　三大构图技巧

掌握一定的构图技巧，可以使设计出的店铺页面更加出彩，从而快速吸引消费者目光。下面介绍店铺视觉营销设计中的三大构图技巧。

1. 保证画面的平衡性

平衡是指画面左右或上下部分的元素在不对称的情况下，通过对其进行等量安排，使画面形成视觉上的稳定，这样才能保证画面既稳定又富有变化。在电商视觉营销设计中，将商品、文案等通过疏密、大小、远近等的处理，可以使画面达到平衡，从而为消费者提供良好的视觉感受，如图 2-46 所示。

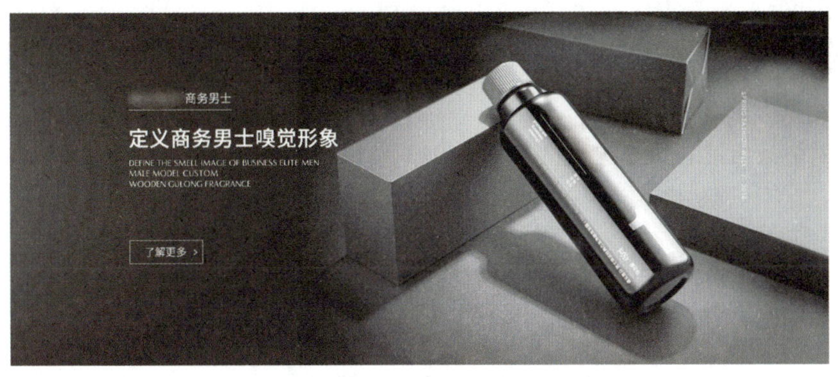

图 2-46　保证画面的平衡性

2. 注重画面的节奏感

节奏是指画面中各个元素组合时，在某种秩序下起伏变化的规律，带有节奏感的画面具有一种秩序美。在电商视觉营销设计中，有规律地对商品、文案等进行排列，就可以使画面具有一定的节奏感，为消费者营造一种视觉连续感，使其浏览更加流畅，如图 2-47 所示。

3. 懂得调和画面

当画面中多个元素存在明显差异时，会给人带来强烈的感官刺激。但是画面中只有对比没有调和，会缺少安定的美感。调和就是让画面中的对比元素找到“妥协”点，让对比关系得以缓和，使整个画面变得更加和谐。例如，图 2-48 用骨头图形及文案来调和红、蓝背景的对比关系。

图 2-47　注重画面的节奏感

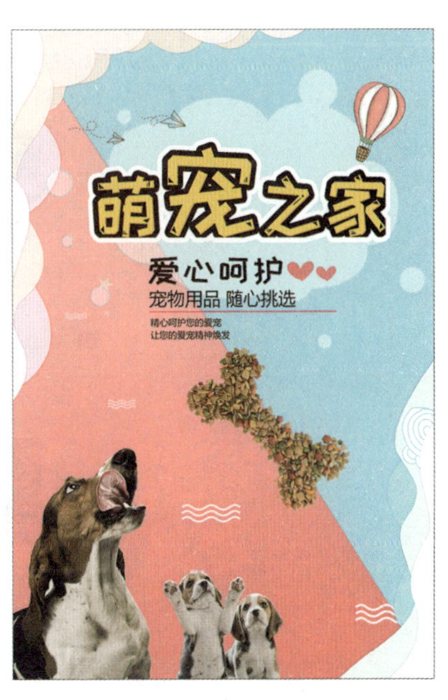

图 2-48　懂得调和画面

2.6 赏析优秀店铺，提炼电商视觉营销设计技巧

下面以茶具店铺首页（见图2-49）为例，讲解电商视觉营销设计技巧在店铺页面中的应用。

图2-49　茶具店铺首页

（1）色彩的运用。茶具店铺首页的背景图案、文字等大多使用不同明度的灰色、黑色，这些颜色像不同浓淡的墨色，能为整个画面增添古香古色之感，以体现茶具店铺的特点。另外，商品图片中的背景颜色大多纯度较低，与灰色、黑色搭配使用，可以获得平稳、和谐、统一的画面效果。

（2）点线面的运用。该店铺首页的商品类目设计使用点元素，可以使其成为焦点，从而吸引消费者注意；背景图案和文字装饰都使用了线元素，可以使画面效果更加丰富；每一幅图片都可以视为一个面元素，这些面元素面积、形状不同，可以形成一定的对比，使画面更具表现力。另外，点线面穿插使用，能为画面增添动态美感。

（3）构图的运用。该店铺首页的商品图片大多采用对角线构图，能为画面增加延伸感、运动感；而海报大多一侧展示商品，另一侧添加商品文案，这种平衡构图方式可以使画面形成视觉上的稳定。这种既具动感、又具稳定感的画面能给消费者带来良好的视觉体验。

本章实训——设计女装店铺促销海报

本实训设计女装店铺促销海报，要求海报效果简洁、时尚，具有视觉冲击力。

（1）搜集资料。根据主题搜集文案、图片等资料，具体可参考图 2-50。需要注意的是，图片素材可实际拍摄，也可从网上下载；且文案内容需紧紧围绕关键词“促销”进行搜集。

图 2-50　女装店铺促销海报资料

（2）确定配色方案。根据想要获得的视觉效果进行色彩搭配。例如，利用类似色紫色和红色搭配，能使整个画面给人既和谐又活泼的感觉；将画面中面积最大、作用最强的色彩设置为绿色，不仅能给人自然、清新的感觉，还能与服装颜色呼应。

（3）确定构图方式。根据想要获得的营销效果进行构图，此时需注意点、线、面的应用。例如，若想让消费者更多关注商品本身，可将图片摆放在中心位置，具体效果可参考图 2-51；若想让消费者更多关注促销信息，可左侧放置主要促销文案，右侧放置图片，具体效果可参考图 2-52。

图 2-51 采用中心构图的海报效果

图 2-52 采用平衡构图的海报效果

小提示

以上提供的效果图仅供参考，大家可根据实际情况进行自主设计。

第3章

用文案解决营销软肋

章｜前｜导｜语

营销能否成功，文案是关键。优秀的营销文案可以促进商品销售，助力品牌推广，这是因为文案能直白地描述商品信息，充分地传达品牌理念，以解决营销中信息传达不到位、不准确等软肋。本章通过介绍营销文案的编写与设计技巧，带领大家学习如何用文案解决营销软肋。

知｜识｜目｜标

- 了解营销文案的编写要点。
- 掌握营销文案的编写与设计技巧。

技｜能｜目｜标

- 能够为特定的商品、品牌、活动等编写并设计营销文案。

素｜质｜目｜标

- 坚持实事求是的工作作风，树立正确的价值观。

3.1 写好营销文案的奥秘

营销文案的特点

营销文案是以传达商品信息和品牌诉求，引导消费者购买商品和识别品牌为目的的创意内容。狭义的营销文案通常仅包括语言文字内容，如活动主题文字、商品描述文字等。本节将介绍如何写好营销文案。

3.1.1 写好营销文案的要点

要写好营销文案，首先要明确营销目的，然后在了解营销对象和受众的基础上，精心设计文案内容。

1. 明确营销目的

在编写营销文案前，首先要明确营销活动的目的是什么，然后根据营销目的有针对性地编写营销文案，这样才能保证文案内容与营销目的高度吻合，从而将商品信息和品牌诉求准确地传达给消费者。例如，某家电品牌某次营销活动的目的是新品推广，那么使用“品质生活引领者”这类品牌推广文案就不如“新品上市 惊喜放‘价’”“重磅新品快来抢购”等商品促销文案更有针对性。

2. 了解营销对象和受众

在编写营销文案前，除了要明确营销目的，还要了解营销对象和受众。

（1）了解营销对象。在电商运营中，营销对象主要是指商品、品牌和活动。一切视觉营销设计都是围绕营销对象展开的，只有充分了解营销对象，才能准确提炼出营销对象的特点，从而更好地向消费者展示营销信息。

（2）分析受众。电商营销的受众就是营销活动的目标消费者。要想让文案引发目标消费者的关注与传播，应先充分分析目标消费者的消费心理、消费行为、消费喜好、消费特征等，然后根据分析结果进行文案设计，这样才能使文案更具针对性、更有说服力。

例如，图 3-1 中的营销文案“运动补水 专业等渗”虽然只有八个字，但却充分体现了商品的核心卖点——补水且吸收快，满足了消费者运动后急需专业的运动饮料这一消费需求，能直击消费者的内心，从而激发他们的购买欲望。不难看出，这一营销文案必定是在充分了解营销对象和受众的基础上确定的。

图 3-1　运动饮料海报

扫一扫

营销文案的创意方法

3. 精心设计文案内容

在明确营销目的、了解营销对象和受众之后，就要据此精心设计文案内容，以使营销文案能够激发消费者的消费欲望。在设计文案内容时，要注意以下两点。

（1）引人注目，具有吸引力。营销文案内容要有一定的吸引力，才能够引起消费者的兴趣、好奇，促使消费者关注商品和品牌。例如，图 3-2 中的营销文案利用“新品”“秒杀”“福利”等词语吸引消费者眼球，促使他们深入了解商品和品牌。另外，在营销文案中加入精准的数字会使其更有冲击力，如“一年销售 500000 件”“仅剩最后 10 件”等。

图 3-2　美妆海报

（2）语言简练，重点突出。通常，消费者在某一个页面的停留时间为 10 s 左右。在这种情况下，简明扼要的营销文案才能让消费者快速了解其传达的信息。例如，图 3-3 中的营销文案冗长，会增加消费者的理解成本，很容易让消费者在没有完全了解信息的情况下就停止阅读；而图 3-4 中的营销文案简明扼要，能使消费者快速获取和记忆关键信息。

图 3-3　营销文案冗长的专题页

图 3-4　营销文案简明扼要的专题页

3.1.2　各类营销文案的编写技巧

根据营销对象的不同，营销文案通常分为商品营销文案、品牌营销文案和活动营销文案。

1. 商品营销文案

图 3-5　商品详情页中的卖点营销文案

要编写商品营销文案，可从不同的角度入手，如卖点营销文案、痛点营销文案、情感营销文案等。

（1）卖点营销文案：突出商品卖点的文案。在展示商品卖点时，搭配卖点营销文案可以图文并茂地突出商品的优势或独特性，更能吸引消费者的注意，使其更加直观地获取营销信息。例如，图 3-5 中的营销文案均为卖点营销文案，用于突出商品稳固耐用这一卖点。

另外，新品上市时，其“新”通常也可以作为一个卖点，此时卖点营销文案中会加入“冬上新”（见图 3-6）“新品上市”等词语。

图 3-6　海报中的新品卖点营销文案

（2）痛点营销文案：痛点是指消费者未被满足或急需满足的需求，痛点营销文案就是重点描述商品能够解决消费者哪些痛点的文案。商品是为消费者提供“服务”的，从消费者的痛点出发，解决消费者的实际问题，能够很大程度上促使消费者购买商品。例如，很多消费者觉得穿羽绒服后会显得臃肿，导致他们在购买羽绒服时犹豫不决，此时用“告别冬日臃肿”营销文案（见图 3-7）告诉消费者本款羽绒服可以轻松解决他们的痛点，就有可能促使他们下单。

（3）情感营销文案：通过挖掘商品对消费者的情感意义而设计的文案。情感营销文案可以唤起消费者对商品的情感需求，从情感上打动消费者。例如，图 3-8 中用“健康全接触 选材皆安心”“孩子的健康我们用品质验证”等营销文案将商品与亲情联系起来，使商品变成消费者表达情感的媒介，满足了消费者的情感需求。

图 3-7　商品详情页中的痛点营销文案

图 3-8　商品详情页中的情感营销文案

2. 品牌营销文案

品牌营销文案是指宣传品牌形象的文案。要编写品牌营销文案，可从品牌理念、品牌精神、品牌文化等方面入手，以提高消费者对品牌的好感度。例如，图 3-9 中的“绿色让生活回到原点，不忘初心”“引领绿色生活方式，推动人类与环境相融共生”等营销文案都是品牌营销文案，为品牌塑造“环保”形象，促使消费者对品牌产生好感，以加深消费者对品牌的记忆。

图 3-9　海报中的品牌营销文案

3. 活动营销文案

活动营销文案是指开展某项活动时使用的文案，其内容一般依据活动目的而定。若活动目的是提升品牌形象，则活动营销文案类似于品牌营销文案，用于加深消费者对品牌的印象；若活动目的是提高店铺流量、商品销量，则活动营销文案一般是偏促销型，可使用“打折”“秒杀”（见图 3-10）“满减”“抢购”等词语，以吸引消费者注意。

图 3-10　海报中的活动营销文案

另外，节日是商家开展活动的绝佳时机，利用节日开展促销活动，能够将消费者带入节日的氛围之中，宣传商品和品牌的同时向消费者传递情感。此时活动营销文案的内容应基于节日特点进行创作，如“中秋节”的活动营销文案有“中秋优惠 全场月饼 7 折优惠”（见图 3-11），“七夕节”的活动营销文案有“鹊桥相‘惠’买五赠一”等。

图 3-11　专题页中的节日营销文案

小提示

需要注意的是，在编写营销文案时，不能夸大其词，过分渲染；不能复制粘贴，抄袭别人的创意；不能使用庸俗、恶俗、媚俗的语句；不能没有原则和底线地去蹭热点；等等。

3.2 设计营销文案的三大要点

营销文案既是信息传达的重要载体，也是店铺页面中必不可少的视觉符号。因此，营销文案的设计不仅影响营销信息的传播效果，还影响店铺页面的视觉美感。本节将介绍如何设计营销文案。

3.2.1 懂得运用字体

字体是指文案的外在形式特征。使用不同字体的文案，其笔画粗细、形态等都不同。在计算机中，字体主要分为中文字体和西文字体两种类型。其中，中文字体包括宋体、黑体、仿宋体等；西文字体包括 Times New Roman 字体、Arial Black 字体等。除书法体外，无论哪种字体，都是由衬线体和非衬线体演化而成的。

1. 衬线体

衬线是指文字笔画始末的装饰部分。显而易见，衬线体就是在文字笔画始末的地方有额外的装饰，且衬线粗细会因笔画的不同而有所区别。衬线体强调笔画的走势及前后联系，从而使前后文有更好的连续性，适合用作正文字体。宋体与 Garamond 字体分别是最具代表性的中文和西文衬线体，如图 3-12 所示。

图 3-12　宋体和 Garamond 字体

2. 非衬线体

非衬线体是指在文字笔画始末的地方没有额外的装饰，笔画粗细基本一致。非衬线体字形干净、清晰、浑厚有力，易于辨认，适合用作标题字体。黑体与 Arial 字体分别是典型的中文和西文非衬线体，如图 3-13 所示。

图 3-13　黑体和 Arial 字体

例如，图 3-14 中的文案标题“高温筒自洁……”使用非衬线体，使整个文案的视觉呈现清晰、有力，能让消费者快速辨识商品信息；而文案正文“选择筒自洁程序后……”使用衬线体，使整个文案连续性更强，方便消费者流畅地阅读。

知识库

> 书法体是中国特有的字体，包括行书、隶书等，其蕴含中国美学，通常用作传统家具类、茶叶类（见图 3-15）、文玩类等店铺页面的营销文案字体。另外，在选择字体时，还要考虑商品的特点和目标消费者的性格特征。例如，商品为玩具，选

择给人以活泼可爱感觉的字体，可以表现商品富有趣味、童真的特点；目标消费者为男性，选择给人以浑厚有力感觉的字体，可以贴合目标消费者刚毅、坚韧的性格特征。

图 3-14 洗衣机详情页中的字体运用

图 3-15 茶叶海报中的书法体营销文案

3.2.2 掌握文字设计技巧

优秀的文字设计能为画面增加设计感和层次感，使消费者眼前一亮。下面就从笔画粗细、字号大小和文字颜色三个方面介绍如何设计文字。

1. 笔画粗细

通常来说，笔画较粗的字体能够传递力量感，而笔画较细的字体会更有文艺气息。在设计文案笔画粗细时，应结合商品特点和店铺风格，以使文案能更加直观地传递商品和店铺信息。

例如，图 3-16 中使用笔画较细的文案字体，可使文案更加秀气、唯美，以贴合商品的文艺气息和品质感；而图 3-17 中使用笔画较粗的文案字体，可使文案更有力量感，以贴合商品的运动感和速度感。

图 3-16 采用细笔画文案的海报

图 3-17 采用粗笔画文案的海报

2. 字号大小

设置文字字号时，应考虑文字在店铺页面中的作用。大号文字能起到强调、突出的作用，一般用于文案标题；小号文字便于识别、阅读，适合用于文案正文或辅助信息，如图 3-18 所示。

图 3-18 商品详情页中文案标题、正文与辅助信息字号设置效果

3. 文字颜色

在字号、背景颜色等相同或相近的情况下，为文字设置不同的颜色，可以帮助消费者区分信息的主次。例如，图 3-19 中优惠券文字设置为浅黄色，可以在深绿色背景中突显出来，以吸引消费者注意；而辅助信息设置为白色或绿色，相较于优惠券，其突显程度弱一些，可见其重要程度弱于优惠券。

图 3-19　专题页中不同文案的文字颜色设置效果

实用技巧

在选择文字颜色时，可从情感角度选择，如要想让商品给消费者以自然、安全的感觉，则文字颜色可选择绿色；也可从商品或店铺标志上选取，这样能获得和谐、统一的画面效果。

3.2.3　掌握文字排列技巧

文字的排列方式会影响文案的整体外形，从而产生不同的视觉效果。下面就来介绍常见的文字排列技巧。

1．左 / 右对齐排列

左 / 右对齐排列是以左侧或右侧为基准排列文字。利用左 / 右对齐方式排列文案时，会在文字行首或行尾形成一条清晰的垂直线，使文案给人整齐、规范的感觉；另一端则长短不一，使文案产生一定的变化，富有节奏感。该方式常用于排列文字较多的营销文案，如图 3-20 所示。

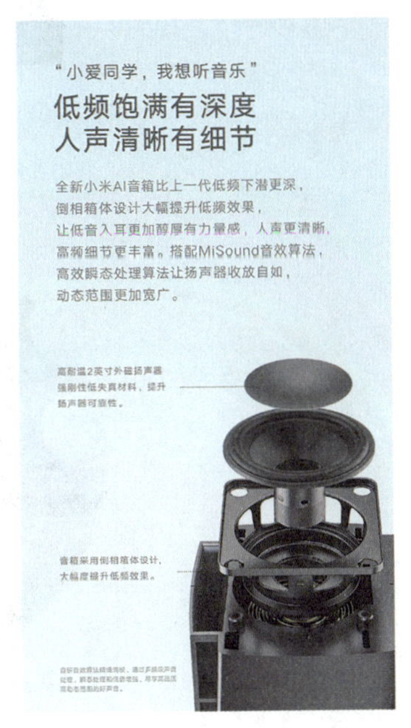

图 3-20　商品详情页中左对齐排列的文案

2．居中排列

居中排列是以店铺页面或版块中心为基准，使文字居中排列。这种对齐方式能够突出中心内容；不足之处是由于文案左右参差不齐，在阅读时可能会出现串行的情况。因此，该方式常用于排列文字较少的营销文案，如标题、辅助信息等，如图 3-21 所示。

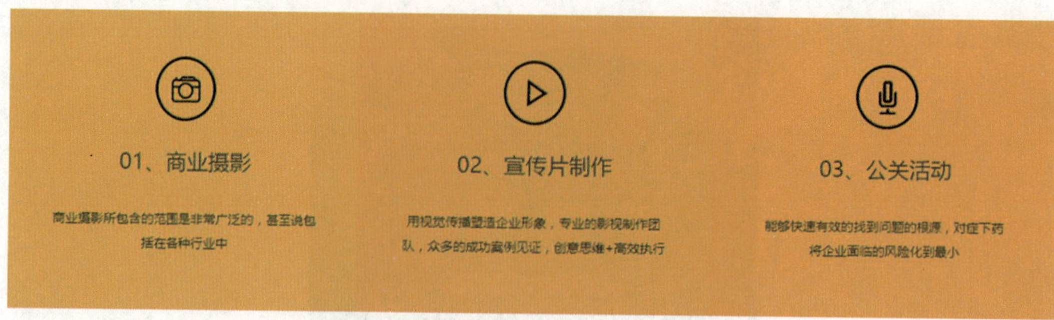

图 3-21　店铺首页中居中排列的文案

3. 顶端对齐排列

顶端对齐排列是以顶端为基准排列文字。这种模仿中国古文排列方式的纵向版式能使画面更具文艺气息和动感，适合排列茶具类（见图 3-22）、文玩类等具有中国传统特色店铺的营销文案。

图 3-22　茶具店铺首页中顶端对齐排列的文案

4. 错落排列

错落排列就是多行或多列文字参差交错排列（见图 3-23），这种排列方式能使画面更活泼、更有动感。需要注意的是，这种排列方式不适合排列文字过多的营销文案。

图 3-23 商品详情页中错落排列的文案

3.3 赏析食品店铺专题页营销文案

下面以食品店铺专题页（见图 3-24）为例，赏析营销文案的编写与设计技巧。

（1）文案编写赏析。该专题页是为开展金秋大促活动而设计的，页面中文案的内容就是依据活动目的——提高商品销量而编写的。

例如，文案标题使用了“金秋大促 爆品低价”，文案辅助标题使用了“秋季全场 低至 5 折 领券再减”这类偏促销型文字，来展示营销对象——金秋大促活动的低价优势。而促销活动中目标消费者通常对价格较为敏感，更加偏好直接优惠的活动内容，因此对于“低价”“5 折”这类词语的“抵抗力”弱，文案中加入这些词语，可以使其更有吸引力，以引发消费者关注。

另外，商品展示区的文案内容简练，只介绍商品的名称、价格等重要信息，以便消费者直观地获取商品信息。

（2）文案设计赏析。该专题页的文案大多采用非衬线体，且越重要的文字笔画越粗、字号越大、颜色越突出。

例如，“金秋大促 爆品低价”是最能展现活动主题的文案，应在整个画面中最突出，因此其笔画最粗、字号最大，文字颜色使用不同深浅的黄色，该颜色在褐色背景下显得尤为突出；而优惠券文案的重要程度弱于“金秋大促 爆品低价”，因此其笔画较细、字号较小，文字颜色选择较柔和的白色。这样安排能够有效区分信息的主次，方便消费者快速获取关键信息。

另外，该专题页大部分文案采用居中排列，能够在有序排列营销信息的同时突出中心内容。

图 3-24 食品店铺专题页

本章实训——为手表编写并设计营销文案

本实训为手表（见图 3-25）编写并设计营销文案，要求营销文案内容与形式能够充分体现手表特点。

商品名称：石英男表	商品编号：100039772215	商品毛重：360.00g	商品产地：广东深圳
货号：GS3886S/D-B-A	表底材质：不锈钢	表扣类型：针扣	显示类型：指针
表盘形状：圆形	表底：不透底	表带材质：牛皮	功能：日期显示，大三针
表盘颜色：黑色	表镜材质：矿物防花玻璃	表径：41-43mm	机芯：石英
风格：简约风	防水：30米	适用人群：男士	表壳材质：不锈钢

图 3-25　手表信息

提示：

（1）明确营销目的。此次营销目的是提高手表销量。

（2）了解营销对象和目标消费者。此次营销对象是手表，其具有风格简约、造型时尚、品质高等特点。目标消费者是 20 ～ 30 岁男性，他们追求时尚、品质，但消费水平相对低一些。

（3）编写文案内容。根据营销对象和目标消费者的特点，可将文案标题设计为“简而有品 时尚有型”，以表现手表时尚、高品质等特点，同时贴合目标消费者追求时尚、品质的消费特征；将辅助信息设计为“挑战年轻的自己 选择适合的精工表”，精准定位目标消费者，以吸引他们的目光；最后添加优惠信息，使价格更加符合目标消费者的消费水平，以进一步激发消费者的购买欲望。

（4）设计文案形式。文案标题“简而有品 时尚有型”采用非衬线体，且笔画最粗、字号最大，使其在页面中最为突显，方便消费者快速获取商品卖点信息；将价格信息设计为醒目的红色，以吸引消费者注意；其他辅助文案笔画较细、字号较小，与文案标题、价格信息形成对比，既方便消费者分清信息的主次，又使画面具有层次感。手表海报最终视觉效果可参考图 3-26。

图 3-26　手表海报效果

第4章 店铺首页视觉营销设计

章｜前｜导｜语

优秀的店铺首页应该具备良好的导购功能，以及为消费者推荐优质商品、传递活动信息等，以使消费者对店铺产生好感，从而成为店铺的潜在消费者，甚至是忠实消费者。本章通过介绍店铺首页视觉营销设计的相关知识，带领大家学习如何打造优秀的店铺首页。

知｜识｜目｜标

- 了解店铺首页的组成及其作用。
- 掌握店铺首页各区域的视觉营销设计技巧。

技｜能｜日｜标

- 能够对具体店铺的首页进行视觉营销设计。

素｜质｜目｜标

- 培养朴素认真、爱岗敬业的职业精神。

4.1 认识店铺首页

店铺首页是消费者进入店铺看到的第一个页面，它包括页头、页中和页尾三个部分，其中页中又分为若干不同功能的区域，这些区域通常会根据店铺的实际需要进行设置，如图 4-1 所示。

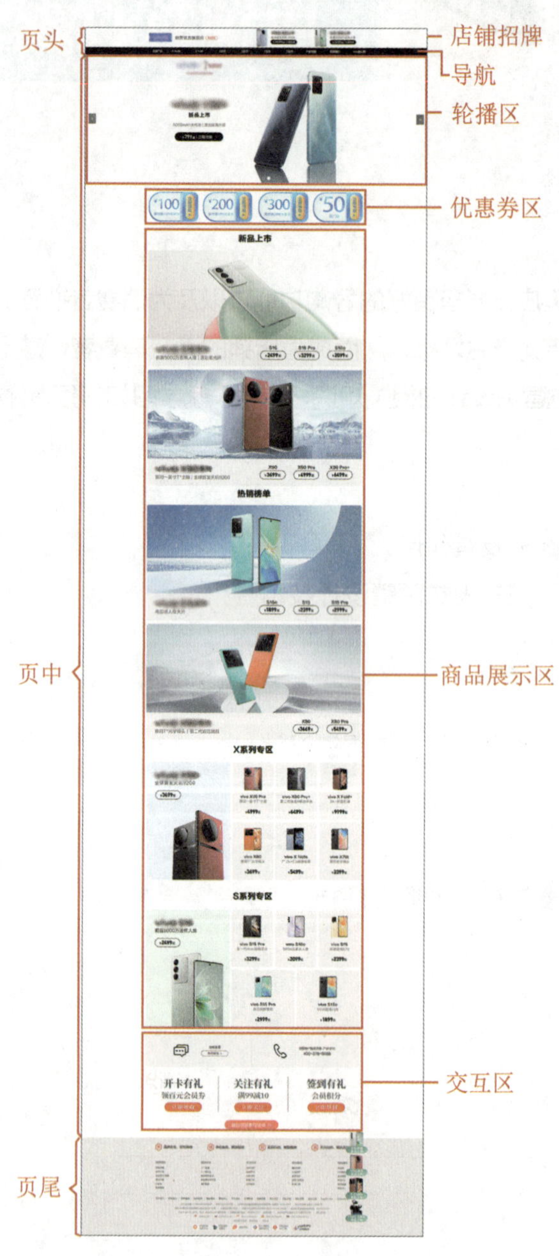

图 4-1 某电子产品店铺首页

（1）页头：主要包括店铺招牌和导航。其中，店铺招牌位于页面最上方，通常显示店铺名称、收藏店铺按钮、促销信息、商品推荐等内容，主要起到展示店铺信息的作用；导航通常显示商品类别和搜索框，便于消费者快速查找所需商品。

（2）页中：通常分为轮播区、优惠券区、商品展示区、交互区等。其中，轮播区通常放置用于展示促销活动的海报，让消费者了解店铺动态；优惠券区用于展示优惠信息，引导消费者在店铺内消费；商品展示区用于展示店铺中出售的商品，方便消费者选购；交互区通常包括用于引导消费者收藏店铺的收藏区，以及为消费者答疑解惑的客服区等。

（3）页尾：位于页面最下方，包括店铺声明、品牌授权认证等内容，作用是提高消费者对店铺的信任度。

4.2 解析店铺首页各区域的视觉营销设计技巧

店铺首页中不同区域的作用和特点不同，因此在进行视觉营销设计时要注意不同区域有不同的侧重点。本节将介绍店铺首页各区域的视觉营销设计技巧。

4.2.1 展示形象的店铺招牌

店铺招牌代表着店铺形象和风格，它在很大程度上影响着消费者对店铺的第一印象。所以在对店铺招牌进行视觉营销设计时，既要注重其内容表现，又要注重其视觉呈现，以便给消费者留下良好的印象。

店铺招牌是店铺内曝光量最大的区域，消费者无论是进入店铺首页，还是进入商品详情页，都可以看到它。因此，在对店铺招牌进行视觉营销设计时，一定要加入店铺名称、品牌标志等信息，让代表品牌形象的元素一直出现在消费者的视线内，从而加深消费者对品牌的印象。

1. 常见类型

根据店铺营销策略不同，店铺招牌分为品牌型店铺招牌和营销型店铺招牌两种。

（1）品牌型店铺招牌：以品牌形象展示为主的店铺招牌（见图 4-2），起到推广品牌的作用。这类店铺招牌中通常包括店铺名称、品牌标志、品牌口号、经营理念等内容，以让消费者了解店铺的品质和态度；也可以加入收藏店铺按钮、搜索框等，方便消费者收藏店铺、搜索商品。

图 4-2 品牌型店铺招牌

（2）营销型店铺招牌：以商品导购或营销信息展示为主的店铺招牌（见图 4-3），起到促进商品销售的作用。在营销型店铺招牌中，除了店铺名称等与店铺有关的信息外，还会加入促销商品、优惠券等内容，以刺激消费者购买商品。

图 4-3　营销型店铺招牌

2. 设计要点

在对店铺招牌进行视觉营销设计时，要注意以下两点。

（1）符合店铺和商品定位。店铺招牌的主要作用是宣传品牌和商品，因此在对店铺招牌进行视觉营销设计时，要使其符合店铺和商品定位，这样才能准确传达品牌和商品信息。

例如，图 4-4 的店铺招牌通过文案和不同深浅的绿色体现了该店铺“天然、奢华、纯美”的品牌理念和纯天然植物护肤的商品理念。

图 4-4　某面膜店铺招牌

（2）画面效果简洁大方。店铺招牌的展示区域有限，因此其视觉呈现应简洁大方，这样不仅能提升店铺形象，还能方便消费者获取信息。通常，店铺招牌中的视觉关注点不要超过三个，且颜色不要过多，否则容易让消费者眼花缭乱。

例如，图 4-5 的店铺招牌中只有两个视觉关注点，能让消费者快速识别品牌并了解主推商品；同时“立即抢购”按钮使用红色，其他文案均使用深灰色，不仅使按钮突显出来，以引导消费者购买商品，还让整个店铺招牌显得简约大气。

图 4-5　某护肤品店铺招牌

4.2.2　方便购买的导航

导航是店铺的“指路牌”，可以帮助消费者找到所需商品，缩短消费者的购物路径，提高消费者的购物体验。因此，在对导航进行视觉营销设计时，要规划好其内容与层级，以方便消费者操作。

1. 内容安排与层级划分

导航内容通常是由店铺中所有商品按照一定的标准进行分类而得的。例如，将某服装店铺的商品按穿着季节分类，那么导航内容就是春装、夏装、秋装和冬装；按穿着位置分类，导航内容则是上装、下装和套装。

另外，导航内容的安排还与店铺营销目标有关。例如，对于店铺中销量、人气较高的主推商品，可以单独做一个商品集合页，并为其设置一个单独的导航项放在导航中（见图 4-6），以便将消费者引入相应的推广页面中。同时，单独的导航项还可以通过独特的设计使其更加突显，如为其设置与其他导航项不同的颜色。

首页　所有产品　2023年秋冬新品　春装　夏装　秋装　冬装

图 4-6　为主推商品设置单独导航项的导航

如果店铺内商品种类繁多，只设计一级导航会不方便消费者快速筛选商品，此时可添加二级导航。例如，某电子产品店铺中的商品较多，可将商品大类设置为一级导航，系列商品设置为二级导航，如图 4-7 所示。通常，一级导航应直接呈现给消费者，二级导航可在点击一级导航中的导航项后再显示。

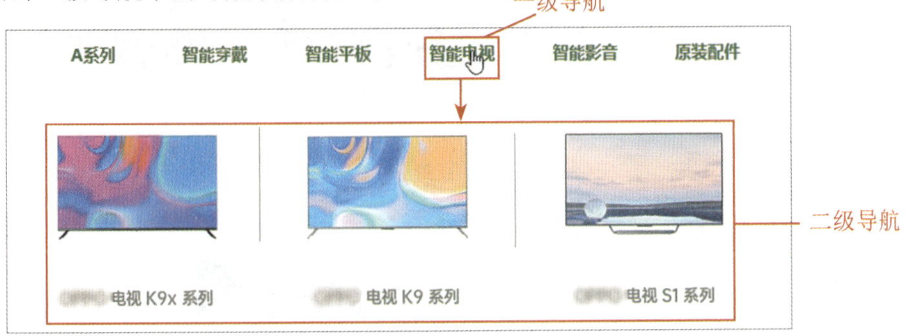

图 4-7　添加二级导航的显示效果

小提示

需要注意的是，导航项不要有空分类，以免消费者点击进入下一个页面后发现并无商品，影响消费者对店铺的信任。

2. 常见类型

导航通常有以下几种类型。

（1）页头的通栏导航：位于店铺招牌下方，是店铺首页固定的横向导航，也是大多数消费者潜意识中认为应有的导航，所以该类导航中的分类应覆盖店铺中的所有商品，以便消费者能查找到所需商品，如图 4-8 所示。通常，该类导航内容以文字显示为主，如果想让导航视觉效果更加丰富，可加入图形装饰。

图 4-8　页头的通栏导航

（2）侧边栏的纵向导航：也称分类导航，其分类比较详细，大多设置二级导航，方便消费者更细致地查找商品，如图 4-9 所示。该类导航通常作为页头通栏导航的补充，适合商品种类较多的店铺。

（3）页中的横向导航：可以放在轮播区以下、页尾以上的任意位置，大多只设置一级导航，且只放置热销商品类别，如图 4-10 所示。需要注意的是，该类导航可以根据想要的视觉效果任意设计。

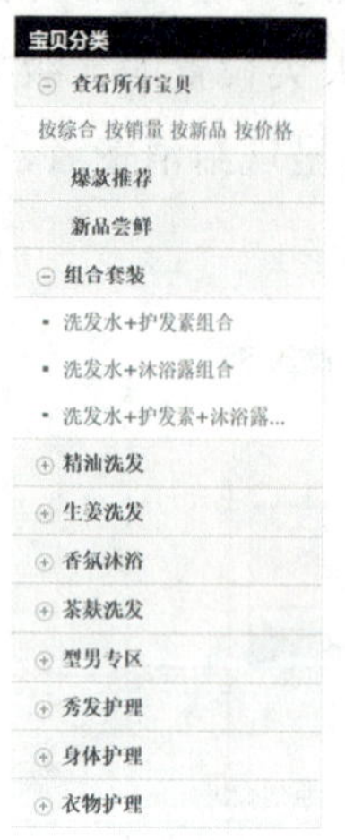

图 4-9　侧边栏的纵向导航

图 4-10　页中的横向导航

（4）页尾的横向导航：也称底部导航，其内容可以与通栏导航相同或相似，也可以只放置热销商品类别，还可以根据店铺运营需要来安排，如想推广店铺，可加入“品牌故事”“收藏本店”等导航项，如图 4-11 所示。该类导航内容也以文字显示为主，不做过多视觉设计。

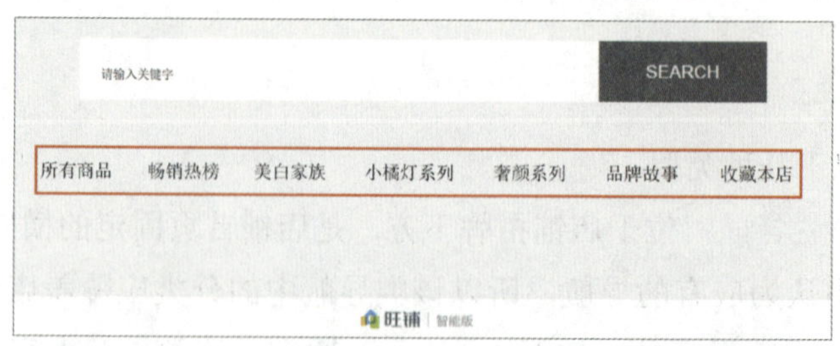

图 4-11　页尾的横向导航

3. 设计要点

在对导航进行视觉营销设计时，要注意以下几点。

（1）风格要统一。导航风格要与店铺风格统一，这样才能给消费者以和谐、统一的视觉效果。

（2）内容要简洁明了。导航的长度有限，无法显示太多内容，因此导航内容应简洁明了，且导航项不要摆放得过于密集，以免不利于消费者查看和点击。

（3）导航项摆放顺序要合理。消费者习惯以从左到右的顺序观看页面，因此重要类别的导航项应尽量放在靠左位置。例如，促销、新品等类别的导航项应尽量放在靠左位置，方便消费者快速了解店铺动态。

4.2.3 吸引目光的轮播区

进入店铺首页后，在不滚动页面的情况下，屏幕所显示的页面称为首页第一屏，这一屏是消费者关注最多的区域。而在第一屏中，轮播区（见图 4-12）所占面积最大，通常会放置轮播海报，以将消费者引导至相关商品或活动页面中，进而增加商品和店铺的曝光率。因此，轮播海报的视觉效果直接关系着店铺首页的导流能力，与店铺的营销效果息息相关。

图 4-12　首页第一屏中的轮播区

1. 海报类型

轮播海报的内容会依据店铺运营要求而定。常见的轮播海报类型有商品宣传型海报和主题活动型海报两种。

（1）**商品宣传型海报**：对单个商品形象进行塑造的海报。这类海报通常以展示商品为主，配上相关说明文案，以将商品的主要卖点传达给消费者，引导消费者点击海报进入商品详情页，深入了解商品。这类海报适合对刚上市的新品、“爆款”商品或当季主推商品等进行推广，如图 4-13 所示。

图 4-13　商品宣传型海报

（2）**主题活动型海报**：以活动形式对多个商品进行推广的海报。这类海报通常会利用活动氛围和视觉冲击力吸引消费者注意，并借此将活动的优惠力度、时间等信息传达给消费者，引导消费者参与活动。另外，这类海报的主题还会根据活动主题进行细分，包括新品上市、店铺纪念日（如周年庆）、节假日（如中秋节、国庆节等）、平台活动（如“618”“双十一”）等。

例如，图 4-14 的海报中加入了月亮、嫦娥、玉兔等与中秋节相关的元素，且其主题文案为“中秋团圆季”，不难看出其活动主题为中秋节。

图 4-14　中秋节主题活动海报

小提示

除了上述常见的轮播海报类型外，还有一种轮播海报类型——品牌塑造型海报，它是对品牌形象进行塑造的海报。这类海报的重点是将品牌宗旨、经营理念等信息传达给消费者，加强消费者对品牌的印象，以提高品牌的认知度和影响力。

例如，图4-15的品牌塑造型海报利用店铺名称、口号等向消费者传达品牌信息和理念，强化消费者对品牌的记忆。

图4-15　品牌塑造型海报

2. 设计要点

在海报的视觉营销设计过程中，要注意以下几点。

（1）类型明确。设计海报前，应首先根据店铺运营需要明确海报类型，这样才能确定涉及的商品数量，且更有针对性地进行视觉营销设计。例如，店铺要开展国庆节促销活动，则海报类型应为主题活动型海报。

（2）定位精准。多数商品都有明确的适用人群，而这些适用人群就是商品的目标消费者。在对海报进行视觉营销设计时，要依据目标消费者的喜好进行，这样才能引起目标消费者的注意。例如，某服装品牌的目标消费者是年轻时尚的女性，这类女性性格开放、洒脱，喜欢超前的设计，那么海报的视觉呈现大胆前卫，才有可能吸引她们的目光。

（3）主题突出。海报主题突出，才能将商品或活动信息准确地传达给消费者。因此，在对海报进行视觉营销设计时，要梳理好信息层级，将主题信息突出显示，这样才能让消费者一目了然。

例如，图4-16的海报中，“国庆大放价 ×1 元秒杀”主题文案突出显示，“新品专享满赠大礼包”“立即进入”辅助文案弱化显示，信息的内容层级非常清晰，能让消费者快速了解海报主题。

图 4-16　国庆节主题海报

（4）效果美观。海报的色彩搭配协调、构图合理、留白适宜等，才能为海报增添视觉冲击力，从而吸引消费者注意。

4.2.4　刺激购买的优惠券

优惠券一般放在店铺首页的页头或页中，是店铺常用的促销手段之一，可以为店铺带来可观的流量，还可以提高店铺的收益。

1. 内容安排

一般来说，优惠券中会安排领取按钮、面额、使用范围、使用条件、使用时间、最终解释权等内容，如图 4-17 所示。

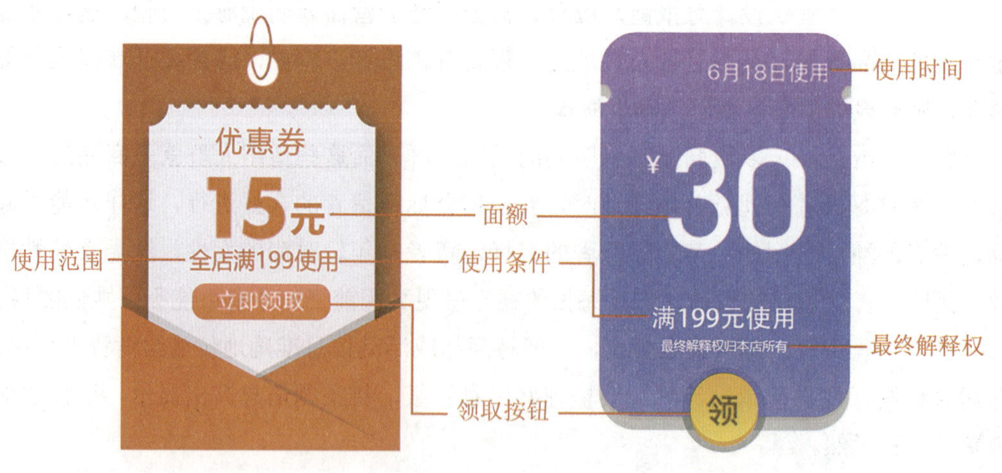

图 4-17　优惠券

（1）优惠券的领取按钮。添加带有“立即领取”“领取”“领”等字样的按钮，可引导消费者点击领取优惠券。

（2）优惠券的面额。优惠券的面额是优惠券价值的体现，也是吸引消费者使用优惠券的主要因素。

（3）优惠券的使用范围。通常，优惠券的使用范围有全场通用和限定使用两种。其中，全场通用是指优惠券可用于购买店铺内的所有商品，限定使用是指优惠券只能用于购买店铺内的指定商品。明确优惠券的使用范围，可有针对性地对消费者进行分流。

（4）优惠券的使用条件。明确优惠券的使用条件，如“满 399 元使用”“每笔订单限用一张优惠券”等，可以在刺激消费者消费的同时最大限度地保证商家的利润空间。

（5）优惠券的使用时间。明确优惠券的使用时间，可以促使消费者产生“过期就会浪费”的心理，从而提高使用率。

（6）优惠券的最终解释权。明确优惠券的最终解释权，如“优惠券的最终解释权归本店所有”，在一定程度上保留了店铺的法律权利，以免后期活动执行中出现不必要的纠纷。

2. 设计要点

在对优惠券进行视觉营销设计时，要注意以下几点。

（1）内容精简。优惠券展示的信息有限，因此在对优惠券进行视觉营销设计时，不要添加任何与优惠内容无关的信息，同时避免信息重复，以便让消费者一目了然。

（2）重点突出。决定消费者是否使用优惠券的主要因素是优惠力度，因此在对优惠券进行视觉营销设计时，要突显优惠券面额，以吸引消费者注意。

（3）风格统一。多张不同面额的优惠券最好使用统一的模板（见图 4-18），以确保风格统一，同时可以使消费者的注意力集中在优惠券面额等重要信息上。

图 4-18 使用统一模板的优惠券

（4）顺序合理。一般来说，多张不同面额的优惠券是根据面额大小或到期时间先后排列的。

4.2.5 营造氛围的商品展示区

商品展示区是店铺首页中面积最大的区域，通常按照一定的营销策略对店铺内的商品进行展示，以方便消费者浏览和购买。

1. 区域划分

商品展示区一般包括主推商品区和商品陈列区。

（1）**主推商品区**：指在店铺首页中展示店铺当前重点推广商品的区域，这类区域的商品一般是店铺的新品或“爆款”商品，具有较强的竞争力，能够吸引消费者目光，从而为店铺引入流量、带来销量。这类区域的文案通常为营销信息或商品优势介绍，以增加商品的吸引力。

（2）**商品陈列区**：指在店铺首页中常规展示店铺内商品的区域，通常位于主推商品区之后。这类区域的文案通常为商品的主要属性介绍，以帮助消费者了解商品。

例如，图 4-19 中主推商品区采用更大、更显眼的“爆款”商品图片，文案“长柄凤爪 个头更大”是对商品优势进行介绍，而商品陈列区采用多张并排展示的商品图片，文案“牛肉豆干 120g*1”“去骨凤爪 108g*1”也仅是对商品的主要属性进行介绍。

小提示

商品展示区的内容没有严格要求，可根据实际需要灵活安排。例如，某家居用品店铺的主推商品区包括首推商品展示图和普通主推商品展示图，其中首推商品展示图展示店铺首要推广的商品，如图 4-20 所示。

图 4-19　某食品店铺的商品展示区

图 4-20　某家居用品店铺的主推商品区

2. 设计要点

在商品展示区的视觉营销设计过程中，要注意以下几点。

（1）商品展示数量要适宜。有些商家认为，商品展示区里展示的商品越多越好，这样可以把更多的商品推荐给消费者。其实不然，商品展示过多，会使消费者眼花缭乱，无法抓住重点。但是，商品展示过少，也会使店铺显得冷清，给消费者以店铺鲜少有人光顾的感觉。因此，商品展示区展示的商品数量一定要适宜。

通常，主推商品区的商品展示数量应控制在三到十五个之间（见图 4-21），而商品陈列区的商品展示数量通常多于主推商品区（见图 4-22），尽量不少于六个，这样既可以让消费者抓住重点，又能多展示商品。

图 4-21　主推商品区商品展示数量适宜

图 4-22　商品陈列区商品展示数量适宜

（2）不同区域的商品陈列方式要有所区别。如果主推商品区和商品陈列区采用同样的陈列方式，不免给消费者以疲劳感，也使区域之间的界限不明显。因此，在对商品展示区进行视觉营销设计时，应尽量对不同区域采用不同的陈列方式。例如，图 4-23 的某小家电店铺首页中主推商品区和电饭煲商品陈列区就采用不同的陈列方式，将两个区域有效区分开，方便消费者浏览。

图 4-23　某小家电店铺首页

（3）不同商品之间界限要清晰。商品展示图之间也应界限清晰，以方便消费者根据需要查看和购买商品。通常，可采用留白、图片形状差异、加边框等方式对商品展示图进行界限划分。例如，图 4-24 中先利用图片形状差异区分商品陈列区的不同类别，再通过加边框区分同类别下的不同商品。

图 4-24　不同商品之间界限要清晰

（4）视觉呈现要美观。商品展示区的视觉呈现要美观、简洁，才能既吸引消费者注意，又方便消费者查看商品。要想让商品展示区获得良好的视觉效果，通常可以采用以下两种方法：一是精心设计单个商品展示图，尤其是首推商品展示图，可使整个商品展示区给消费者带来美感和新鲜感，如图 4-25 所示；二是采用富有变化的陈列方式，如折线型陈列方式（见图 4-26）、随意型陈列方式（见图 4-27）等，以使整个商品展示区富有趣味性和氛围感。

图 4-25　精心设计单个商品展示图的商品展示区

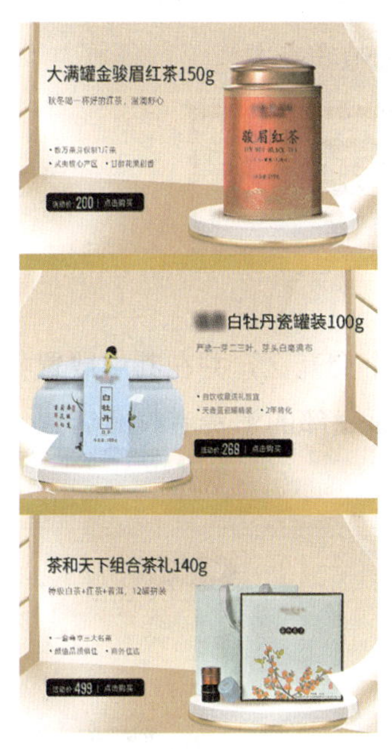

图 4-26　采用折线型陈列方式的商品展示区

图 4-27　采用随意型陈列方式的商品展示区

（5）风格要统一。商品展示区同一区域内的商品展示形式要统一，以便给消费者整体感、和谐感。整个商品展示区还要与店铺风格统一，这样既能展示商品，又能强化品牌形象。

4.2.6　建立情感的交互区

交互区通常包括收藏区、客服区等，主要是为店铺和消费者架起沟通的桥梁。

1. 收藏区

视觉设计恰到好处的收藏区可以引导消费者收藏店铺，提升店铺人气，同时增加消费者再次光临的概率。收藏区通常可放置在以下三个位置。

（1）页头：放置在店铺招牌或导航中的收藏区通常以按钮的形式呈现，如图 4-28 所示。在对放置在该位置的收藏区进行视觉营销设计时，可加入心形、星形等图形作为装饰，以使视觉效果更加丰富。

图 4-28　店铺招牌中的收藏区

（2）侧边栏：放置在店铺侧边栏中的收藏区通常以图片的形式呈现，如图4-29所示。为了激发消费者对店铺的兴趣，提高店铺收藏量，在对放置在该位置的收藏区进行视觉营销设计时，可添加优惠信息，但要注意不能让优惠信息喧宾夺主。

图 4-29　侧边栏的收藏区

（3）页中：一些店铺首页的页尾上方会单独添加一个交互区，并在其中放置收藏店铺按钮、客服联系方式等（见图 4-30），方便浏览到页面底部的消费者收藏店铺、联系客服。

图 4-30　页中的收藏区

2. 客服区

客服区通常以文字和图标的形式向消费者展示客户服务的时间、人员等（见图 4-31），方便消费者咨询客服时能快速得到回应，顺利地解决购物中的问题。客服区比较注重可操作性，因此在对客服区进行视觉营销设计时，要注意内容精简、视觉呈现简洁明快，以方便消费者操作。

图 4-31　客服区

4.2.7　增强信任的页尾

当消费者浏览至店铺首页的页尾时，一般会做什么？第一种可能是咨询客服，第二种可能是返回店铺首页顶部重新浏览，第三种可能是查看浏览过程中印象深刻的某个商品……页尾就是要方便消费者进行这些操作。所以，页尾通常会添加客服联系方式、返回顶部按钮、底部导航等内容，以达到方便消费者咨询、返回顶部、选购商品等目的。

扫一扫

页尾的设计原则

另外，还可以在店铺页尾添加买家必读、色差说明、快递说明等店铺声明，帮助消费者提前了解购物过程中可能遇到的问题，以减轻消费者的顾虑，提高消费者对店铺的信任度；也可以添加店铺二维码、收藏和分享店铺链接，方便消费者关注、收藏和分享店铺，从而留住消费者，如图 4-32 所示。

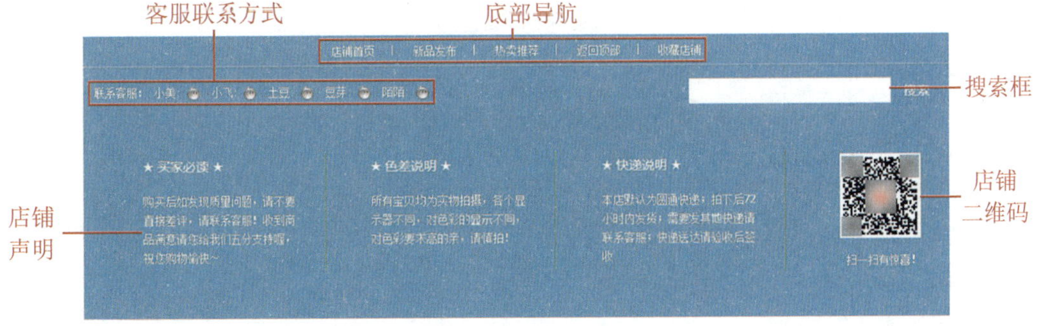

图 4-32　店铺页尾

小提示

如果在页中安排了单独的交互区，其中有客服联系方式，那么页尾的客服联系方式就要去掉，以免重复。

4.3 设计并制作女装店铺首页

本节将以女装店铺首页的设计与制作为例，介绍店铺首页的设计技巧与制作方法。案例最终效果（见图4-33）可参考本书配套素材“素材与实例”→“第4章”→“女装店铺首页”文件夹中的“女装店铺首页.psd”文件。

图4-33　女装店铺首页效果

4.3.1 设计思路

该女装店铺当前主推春夏上市新品，且目标消费者为 25 ～ 40 岁职业女性。这类女性偏好精致、优雅的极简风，因此店铺风格确定为干净、大气的简约风。接下来根据店铺营销策略和目标消费者的特点，对该女装店铺首页进行视觉营销设计。

1. 页面规划

女装店铺首页从上到下依次为店铺招牌、导航、轮播区、优惠券、商品展示区、交互区、页尾。下面对这些区域进行规划和说明。

（1）**店铺招牌**：选择品牌型店铺招牌，且加入店铺标志，并将其居中摆放，使其更加突显，方便消费者快速识别店铺信息。在店铺招牌靠右位置添加搜索框和收藏店铺按钮，方便消费者搜索商品、收藏店铺。另外，这样安排还可以让店铺招牌显得简洁大气，与店铺风格定位相符。

（2）**导航**：设置通栏导航，将商品按服装类型进行分类，即导航基础内容为连衣裙、衬衫、毛衣、外套、半身裙、短裤、长裤。考虑到新品上市的营销策略，在导航靠左位置加入上市新品导航项——新品推荐，并在该导航项的右上角添加“NEW”作为装饰，使该导航项更加突显，以引导消费者进入相应的推广页面中。由于该女装店铺商品种类不多，因此不需要设置二级导航。导航中也无须添加任何其他元素，白底黑字的搭配可使导航文字更加突出，方便消费者快速识别信息，也与店铺招牌的风格相呼应。

（3）**轮播区**：鉴于店铺当前主推春夏上市新品，选择主题活动型海报，并将主题设置为“春夏上新”，借此提醒消费者春夏来临，该换新了。在海报中加入春夏首推新品图片，以引起消费者关注；加入“全场商品 2 件 8 折”“活动时间……”等活动信息，引导消费者参与活动、购买商品；加入一些装饰元素，如绿植，丰富画面的同时辅助主题阐述。

（4）**优惠券**：在轮播海报下方安排多张风格统一的优惠券，用于吸引消费者注意，促进商品销售。优惠券中安排面额、使用条件等内容，方便消费者查看和领取。

（5）**商品展示区**：将店铺中的部分商品按照新品热卖、爆款热卖两类进行分区展示。内容方面，新品热卖区展示重点推广的商品——春夏上市新品，并以商品自身优势作为信息传达点，以吸引消费者目光；爆款热卖区相当于“商品陈列区”，展示以往销量较高的商品，为消费者推荐优质商品，以获得消费者的好感。

设计方面，新品热卖区采用折线型陈列方式，这种排列方式符合消费者的视觉浏览路线，能给消费者带来良好的视觉感受；而爆款热卖区则采用两行三列的规范陈列方式，且在单个商品展示图中加入购物车图标，引导消费者将商品加入购物车的同时丰富商品展示图的表现。

（6）交互区：添加店铺标志、收藏店铺按钮、客服联系方式、返回顶部按钮，方便消费者操作的同时，加深其对品牌的记忆。

（7）页尾：添加底部导航、店铺声明等，方便消费者选购商品，提高消费者对店铺的信任度。

2. 配色方案确定

（1）考虑到店铺风格定位为简约风，所以店铺首页的大部分文字使用黑色，背景以白色为主，这也方便消费者查看店铺和商品信息。

（2）考虑到店铺当前主推春夏上市新品，将海报背景、优惠券背景、页尾背景等设置为蓝色，能够给消费者以清凉之感。其中优惠券背景的蓝色比海报背景的蓝色更深，可使优惠券更加醒目，从而吸引消费者目光。

（3）对购买按钮这类重点强调的内容使用红色，使其非常显眼，以引导消费者点击。

（4）页面中的一些装饰元素使用粉色、紫色等，以丰富画面色彩。

3. 构图选择

店铺首页的商品图片主要采用垂直线构图，能为画面增加延伸感；而海报一侧展示主推商品，另一侧添加文案，这种平衡式构图方式可以使画面形成视觉上的稳定。这种既具动感、又具稳定感的画面能给消费者带来良好的视觉体验。

另外，页面中的按钮使用点元素，使其成为焦点，从而吸引消费者注意；优惠券和部分图片边框等使用线元素，使画面效果更加丰富；每一幅图片都可以视为一个面元素，这些面元素面积、形状各不相同，可以形成一定的对比，使画面更具表现力。

4.3.2 制作过程

1. 制作页头

步骤 1 启动 Photoshop（本书使用的软件版本为 Photoshop 2020），单击其欢迎界面中的“新建”按钮，打开“新建文档”对话框，在其中设置参数后单击“创建”按钮新建一个文档，如图 4-34 所示。

小提示

> 不同电商平台对于店铺首页各区域尺寸的要求有所不同，下面仅以淘宝网店铺首页为例进行介绍。
>
> 店铺首页的宽度通常为 1920 像素，高度则根据页面内容的多少而定，因此可以先设置一个预估高度，然后在具体制作过程中根据实际需求进行调整。

店铺首页中不同区域的尺寸如下：全屏店铺招牌尺寸为 1920 像素 ×120 像素，普通店铺招牌尺寸为 950 像素 ×120 像素；通栏导航尺寸为 1920 像素 ×30 像素；全屏海报宽度为 1920 像素，普通海报宽度为 950 像素，高度自定（一般为 100 像素～ 600 像素）。但是，为了保证店铺招牌和通栏导航在不同显示器中都能够正常显示，店铺招牌和通栏导航中的内容应尽量设置在中间，也就是 950 像素以内。

另外，若图片主要用于网络传播和屏幕显示，通常将其分辨率设置为 72 像素 / 英寸。

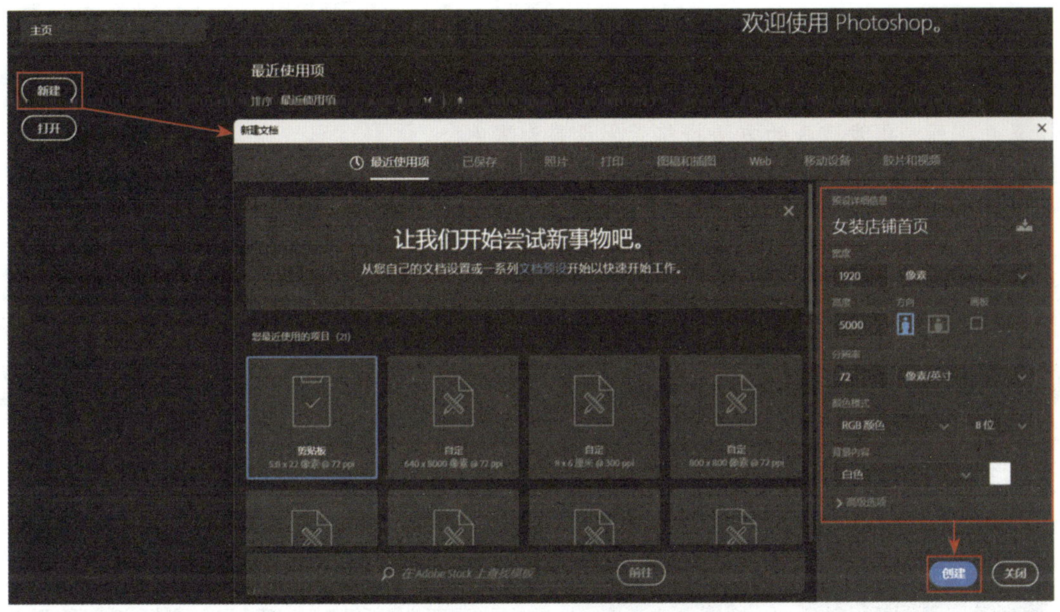

图 4-34　新建文档

步骤 2　选择“视图”→“新建参考线”菜单项，打开“新建参考线”对话框，在其中设置参数后单击“确定”按钮新建一条参考线。采用同样的方法再新建两条参考线，参考线的参数及效果如图 4-35 所示。此时，店铺招牌的设计区域就利用参考线划分出来了。

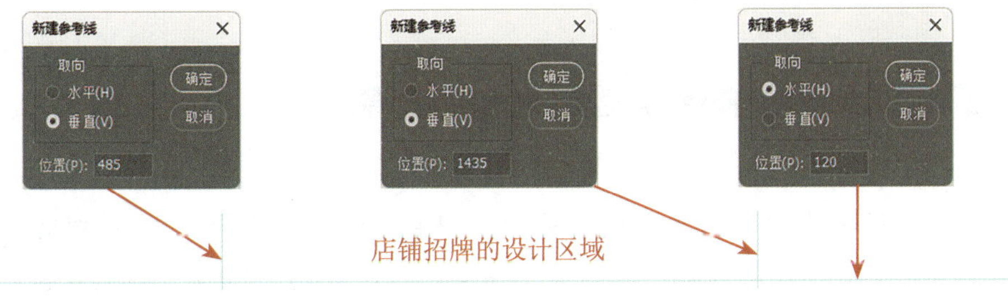

图 4-35　新建参考线

小提示

选择“视图”→“锁定参考线”菜单项，可锁定参考线，避免制作过程中误操作导致参考线移动。再次选择“视图”→“锁定参考线”菜单项，可解锁参考线。

步骤 3 单击工具箱中的“设置前景色”按钮，打开“拾色器（前景色）”对话框，在符号“#”右侧的编辑框中输入“000000”（见图 4-36）后单击“确定”按钮，将前景色设置为黑色。

小提示

通常情况下，初次打开 Photoshop 时，前景色默认就是黑色。若当前前景色不是黑色，可利用步骤 3 的方法将前景色设置为黑色。

步骤 4 单击工具箱中的“横排文字工具”，然后在店铺招牌的设计区域单击，当出现闪烁的“I”时输入“YUEJI FUSHI”，接着按“Esc”键确认，最后在工具属性栏设置文本属性，如图 4-37 所示。

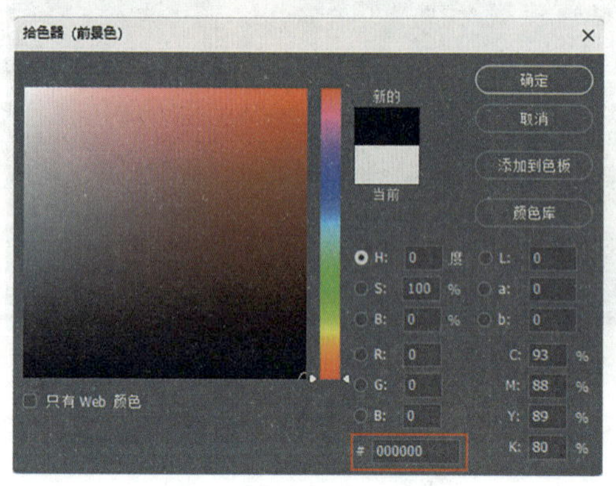

图 4-36 设置前景色

单击该按钮并从展开的下拉列表中选择字体

双击选中字号后，重新输入所需字号，并按“Enter”键确认

YUEJI FUSHI

图 4-37 添加并设置店铺名称的拼音字母

步骤 5 采用步骤 4 的方法在拼音字母下方添加店铺名称“悦己服饰”并设置其文本属性，如图 4-38 所示。

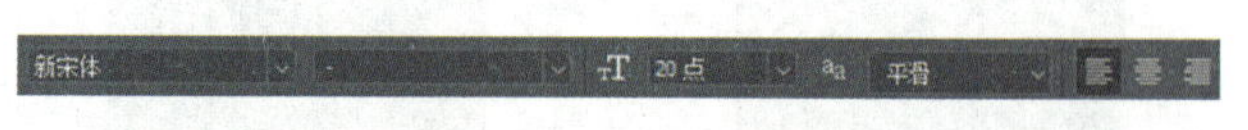

YUEJI FUSHI
悦己服饰

图 4-38 添加并设置店铺名称

步骤 6 保持步骤 5 创建的图层处于选中状态，按住“Ctrl”键的同时单击“图层”面板中步骤 4 创建的图层，然后按“Ctrl+A”组合键全选画布，接着选择“移动工具”，并单击工具属性栏中的“水平居中对齐”按钮，使步骤 4 和步骤 5 创建的文本相较于画布水平居中对齐，最后按“Ctrl+D”取消全选画布，效果如图 4-39 所示。

YUEJI FUSHI
悦己服饰

图 4-39　店铺名称对齐效果

步骤 7　按“Ctrl+Shift+N”组合键新建一个图层，然后选择“矩形选框工具”，并在“悦己服饰”文本的左侧绘制一个宽度为 42 像素、高度为 1 像素的矩形选区（矩形选区左侧与“YUEJI FUSHI”文本左侧对齐），接着按“Alt+Delete”组合键为矩形选区填充黑色前景色，最后按“Ctrl+D”组合键取消选区，以绘制装饰线，效果如图 4-40 所示。

步骤 8　选择“移动工具”，然后将光标移至步骤 7 绘制的矩形上，接着按住“Alt+Shift”组合键，当光标呈状时按住鼠标左键并向右拖动矩形，直至矩形右侧与“YUEJI FUSHI”文本右侧对齐后释放鼠标，以水平复制装饰线，效果如图 4-41 所示。

YUEJI FUSHI
—— 悦己服饰

图 4-40　绘制装饰线

YUEJI FUSHI
—— 悦己服饰 ——

图 4-41　复制装饰线

步骤 9　选择“圆角矩形工具”，然后在店铺标志右侧绘制一个宽度为 126 像素、高度为 22 像素、半径为 50 像素的圆角矩形，最后在工具属性栏设置其属性，如图 4-42 所示。

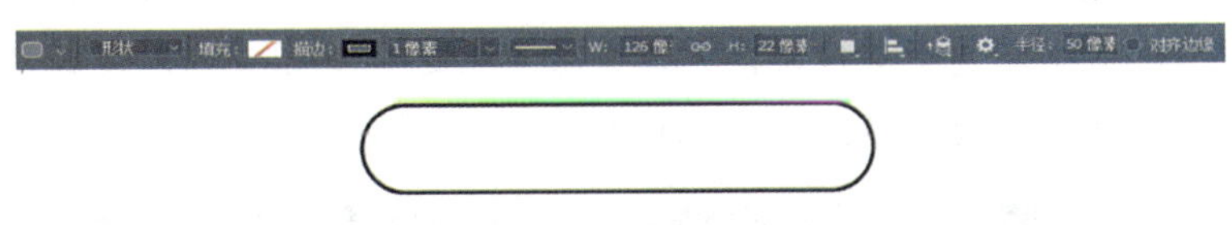

图 4-42　绘制搜索框

步骤 10　选择“文件”→“置入嵌入对象”菜单项，打开“置入嵌入的对象”对话框，在其中选择本书配套素材“素材与实例”→“第 4 章”→“女装店铺首页”文件夹中的“搜索 .png”文件，然后单击“置入”按钮置入素材，并将置入的素材移至步骤 9 绘制的圆角矩形靠右位置，最后缩小素材至合适大小后按“Enter”键确认，以添加搜索图标，效果如图 4-43 所示。

图 4-43　添加搜索图标

步骤 11　采用步骤 9 的方法在搜索框右侧绘制一个宽度为 90 像素、高度为 22 像素、半径为 50 像素的圆角矩形，然后在工具属性栏设置其属性，如图 4-44 所示。

图 4-44　绘制收藏店铺按钮底图

步骤 12　采用步骤 10 的方法置入素材“爱心 .png”文件，并调整其位置和大小，然后在其右侧添加“收藏店铺”文本，并设置其字体为“微软雅黑”，字体大小为 13 点，字体颜色为白色（#ffffff），效果如图 4-45 所示。

图 4-45　添加爱心素材和收藏店铺文本

步骤 13　采用步骤 2 的方法在水平 150 像素处新建一条参考线，然后采用步骤 4 的方法在两条水平参考线之间添加导航文本“首页”并设置其文本属性，接着复制“首页”文本并将其右移至合适位置后修改文本内容为“新品推荐”。采用同样的方法制作其他导航文本，如图 4-46 所示。至此，页头制作完成。

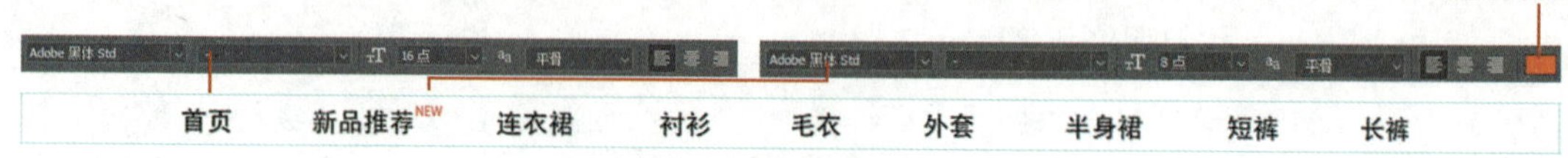

图 4-46　添加并设置导航文本

2. 制作海报

步骤 1　在水平 505 像素处新建一条参考线，然后选择“矩形工具”，并在水平 150 像素处的参考线与新建参考线及两条垂直参考线之间绘制矩形，最后在工具属性栏设置矩形属性，以绘制海报背景，如图 4-47 所示。

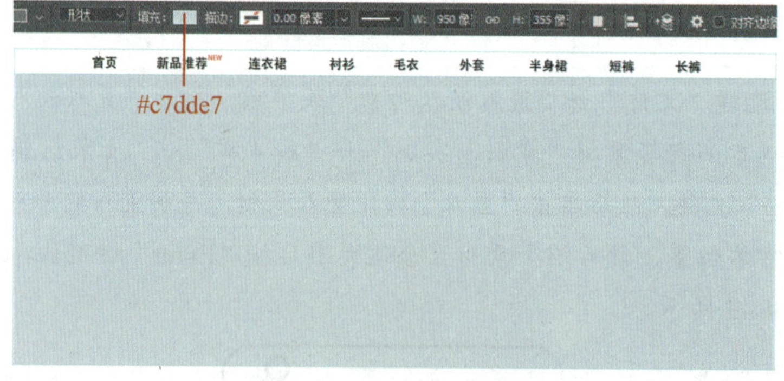

图 4-47　绘制海报背景

步骤 2　置入素材“绿植 1.png”文件，然后将置入的素材移至海报背景的左下角，效果如图 4-48 所示。

步骤 3　置入素材“绿植 2.png”文件并将其移至海报背景的右下角，效果如图 4-49 所示。

图 4-48　置入绿植 1 素材并调整位置

图 4-49　置入绿植 2 素材并调整位置

步骤 4　选择“椭圆工具”，然后在海报背景右侧合适位置绘制一个直径为 300 像素的正圆（绘制时需按住“Shift”键），最后在工具属性栏设置正圆属性，如图 4-50 所示。需要注意的是，正圆的填充色可随意设置，因为后续会将颜色覆盖。

步骤 5　置入素材“服装 1.jpg”文件并将其缩小，然后将其移至正圆上方，接着将光标移至“图层”面板中“服装 1”和“椭圆 1”图层之间，并按住“Alt”键，当光标呈状时单击，将服装图片剪贴到正圆中，效果如图 4-51 所示。

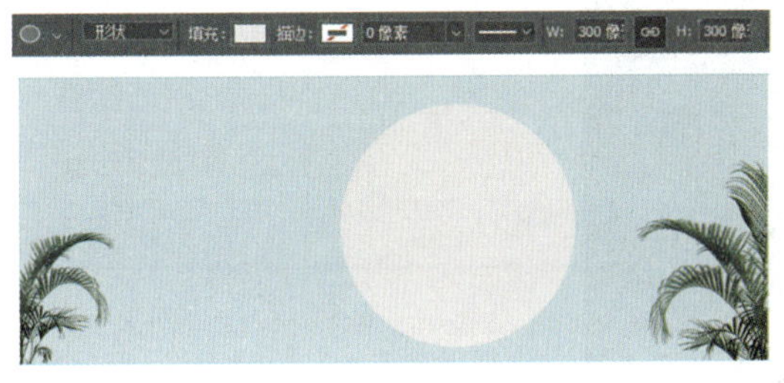

图 4-50　绘制并设置正圆

图 4-51　将服装图片剪贴到正圆中

步骤 6　采用上述方法，在海报中合适位置添加文本和装饰图形，各项参数和效果如图 4-52 所示。至此，海报制作完成。

图 4-52　添加文本和装饰图形

3. 制作优惠券

步骤 1　在海报下方添加优惠券标题文本，并添加装饰线（由字符“-”组成），如图 4-53 所示。

黑体，18 点，#016591　　黑体，20 点，#016591　　黑体，18 点，#016591

领券再购买　可享折上折

图 4-53　添加优惠券标题文本和装饰线

步骤 2　使用“圆角矩形工具”在优惠券标题左下方绘制一个宽度为 306 像素、高度为 96 像素、半径为 10 像素的圆角矩形，然后在工具属性栏设置其填充色为白色（#ffffff），描边为无，接着双击其所在图层的空白处，在打开的“图层样式”对话框中单击并勾选“外发光”复选框，并在该对话框右侧设置参数，最后单击“确定”按钮，为圆角矩形添加外发光，如图 4-54 所示。

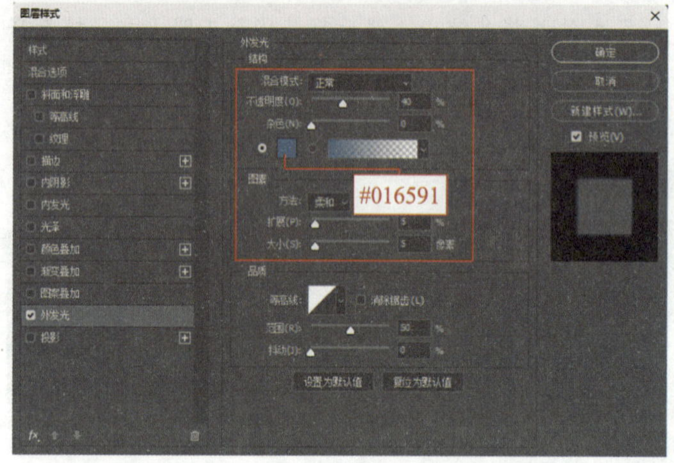

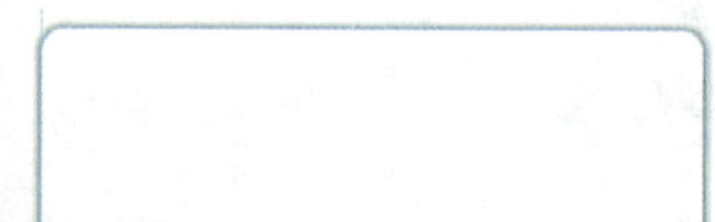

图 4-54　绘制圆角矩形并为其添加外发光

步骤 3　按“Ctrl+J”组合键复制圆角矩形，然后按“Ctrl+T”组合键调出变换框，将光标移至变换框四角中的任意一角，按住“Alt”键的同时按住鼠标左键并向内拖动，缩小变换框至合适大小后按“Enter”键确认，接着将缩小后的圆角矩形的填充色改为深蓝色（#016591），最后将光标移至该图层右侧的图标上，按住鼠标左键并将其拖至“删除图层”按钮上释放，以删除复制图层的图层样式，效果如图 4-55 所示。

图 4-55　复制圆角矩形并调整其大小和样式

步骤 4　按“Ctrl+Shift+N”组合键新建一个图层，然后选择“钢笔工具”，在工具属性栏“选择工具模式”下拉列表中选择“路径”，在圆角矩形右侧绘制如图 4-56 所示的路径，并按“Ctrl+Enter”组合键将路径转换为选区，接着设置前景色为白色（#ffffff）并按“Alt+Delete”组合键为选区填充前景色，最后按“Ctrl+D”组合键取消选区，效果如图 4-57 所示。此时优惠券底图绘制完成。

图 4-56　绘制路径

图 4-57　填充图形效果

步骤5　使用“椭圆工具” 在优惠券底图合适位置添加圆形装饰，如图 4-58 所示。

图 4-58　添加圆形装饰

步骤6　选中优惠券右侧圆形所在图层并右击，从弹出的快捷菜单中选择“栅格化图层”项，将该图层由形状图层转换为普通图层，然后用“矩形选框工具” 框选右侧圆形位于优惠券底图以外的部分（见图 4-59）并按“Delete”键删除，最后按“Ctrl+D”组合键取消选区，效果如图 4-60 所示。

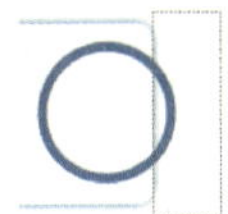

图 4-59　框选多余部分

图 4-60　删除多余部分

步骤7　在优惠券底图合适位置添加文本，如图 4-61 所示。至此，一张优惠券制作完成。

Adobe 黑体 Std，16 点，#ffffff

方正大黑简体，40 点，#ffffff

Adobe 黑体 Std，20 点，#ffffff

¥ 100元现金券

(满600元使用)

领

方正大黑简体，50 点，#016591

Adobe 黑体 Std，14 点，#ffffff

图 4-61　添加优惠券文本

步骤8　选中制作优惠券涉及的所有图层，按“Ctrl+G”组合键编组，然后将其复制两份并移至合适位置，最后修改内容以制作其他优惠券，效果如图 4-62 所示。至此，优惠券制作完成。

图 4-62　优惠券最终效果

小提示

每制作完一个区域，应对区域中的所有图层进行编组并自定义组名，便于后续操作与管理，以下不再赘述。

4. 制作新品热卖区

步骤 1 置入素材“新品.png”文件并将其移至优惠券下方合适位置，然后在其右侧添加新品热卖区标题文本，如图 4-63 所示。

图 4-63 制作新品热卖区标题

步骤 2 新建一个图层，然后选择“多边形套索工具”，在新品热卖区标题右下方绘制一个图形并为其填充黑色（#000000），效果如图 4-64 所示。

步骤 3 置入素材“服装 2.jpg”文件，然后将其移至步骤 2 绘制的图形上方，效果如图 4-65 所示。

步骤 4 置入素材“花 1.png”文件，然后将其移至步骤 3 添加的素材的左上角作为装饰，效果如图 4-66 所示。

图 4-64 绘制图形　　图 4-65 置入服装 2 素材　　图 4-66 置入花 1 素材

步骤 5 在服装素材左侧添加文本和装饰图形，如图 4-67 所示。

图 4-67 添加文本和装饰图形

步骤 6 置入素材“底纹.jpg”文件并将其覆盖于“ELEGANT”文本上方（“底纹”图层也位于“ELEGANT”图层上方），然后将其剪贴于“ELEGANT”文本中，效果如图 4-68 所示。

ELEGANT

图 4-68 剪贴效果

步骤 7 采用上述方法制作新品热卖区的其他部分，如图 4-69 所示。其中，文本部分可复制步骤 5 创建的文本并通过移动位置、修改内容获得。

图 4-69 制作新品热卖区的其他部分

5. 制作爆款热卖区

步骤 1 复制新品热卖区标题并通过移动位置、修改内容制作爆款热卖区标题，效果如图 4-70 所示。

图 4-70 爆款热卖区标题效果

步骤 2 新建一个图层，使用“矩形选框工具”在爆款热卖区标题左下方绘制一个宽度为 308 像素、高度为 461 像素的矩形选区，并为其填充浅灰色（#f0f0f0），然后按“Ctrl+D”组合键取消选区，最后置入素材“服装 5.jpg”文件，并将其移至矩形上，效果如图 4-71 所示。

步骤 3 在矩形下方添加文本，如图 4-72 所示。

图 4-71 绘制矩形并置入服装 5 素材

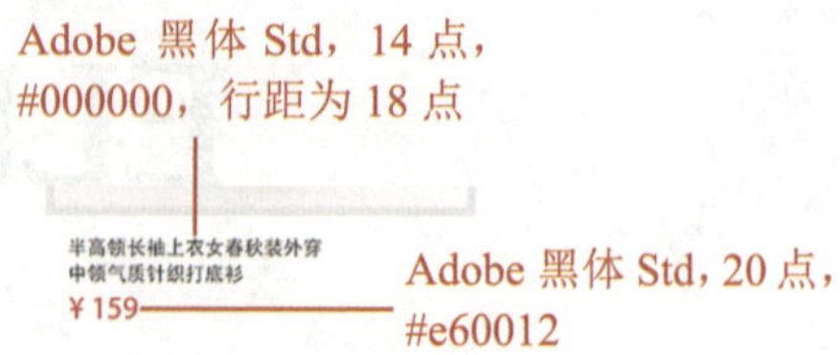

图 4-72 添加文本

步骤 4 置入素材“购物车 .png”文件，并将其放置在文本右侧。此时，一幅爆款热卖商品展示图制作完成，效果如图 4-73 所示。

步骤 5 复制五份爆款热卖商品展示图，并通过移动位置、修改内容制作其他爆款热卖商品展示图，效果如图 4-74 所示。至此，爆款热卖区制作完成。

图 4-73 爆款热卖商品展示图效果

图 4-74 其他爆款热卖商品展示图效果

6. 制作交互区

步骤 1 新建一个图层，然后在爆款热卖区下方绘制一个宽度为 680 像素、高度为 2 像素的矩形选区，接着为其填充灰色（#d1d1d1）作为分割线，最后按“Ctrl+D”组合键取消选区。

步骤 2 复制店铺标志并将其移至矩形左下方。

步骤 3 在店铺标志下方绘制一个宽度为 106 像素、高度为 22 像素、半径为 10 像素的圆角矩形，然后设置其填充色为红色（#e60012），描边为无，接着在其上添加文本“收藏店铺”，并设置其字体为方正大黑简体，字体大小为18点，字体颜色为白色(#ffffff)，效果如图4-75所示。至此，收藏店铺按钮制作完成。

步骤4 新建一个图层，然后在店铺标志右侧绘制一个宽度为2像素、高度为90像素的矩形选区，接着为其填充灰色（#cecece），最后按“Ctrl+D”组合键取消选区，以绘制装饰线，效果如图4-76所示。

步骤5 在步骤4创建的矩形右侧添加文本，并设置其字体为Adobe 黑体 Std，字体大小为18点，字体颜色为黑色（#000000），行距为30点，然后置入素材“蓝色旺旺.png”和“灰色旺旺.png”文件并分别移至合适位置，效果如图4-77所示。至此，客服区制作完成。

图4-75 收藏店铺按钮效果

YUEJI FUSHI
悦己服饰
收藏店铺

图4-76 装饰线效果

TT:　笑笑:
客服中心：400-00011122
服务时间：8:30-21:30
客服邮箱：yuejifushi@qq.com

图4-77 客服区效果

步骤6 复制步骤4绘制的矩形并将其移至客服区右侧，然后在复制的矩形右侧添加文本“返回顶部”，并设置其字体为方正大黑简体，字体大小为18点，字体颜色为黑色(#000000)，最后置入素材“返回顶部.jpg”文件并移至合适位置，效果如图4-78所示。至此，交互区制作完成。

图4-78 添加装饰线并制作返回顶部按钮

7. 制作页尾

步骤1 新建一个图层，然后在交互区下方绘制一个宽度为1920像素、高度为360像素的矩形选区，并为其填充浅蓝色（#c7dde7）。

步骤2 在矩形上添加文本和装饰图形，页尾效果如图4-79所示。其中，五角星、奖杯、对号、爱心形状可利用“自定义形状工具”绘制。

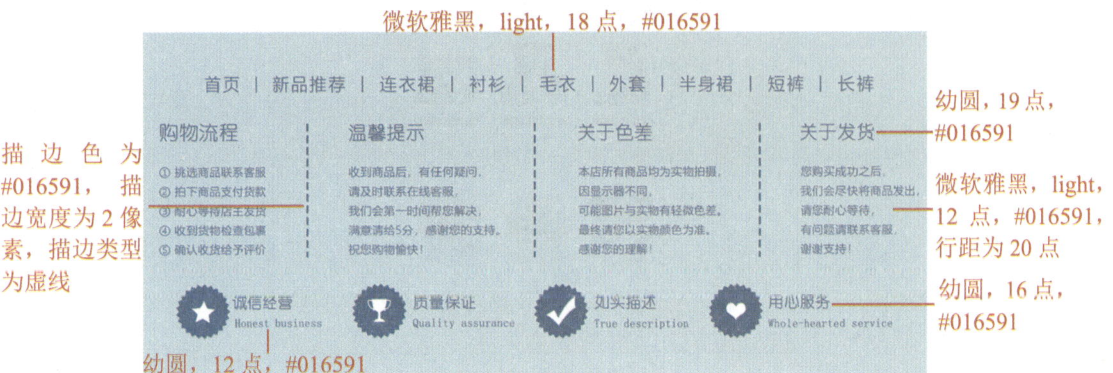

图4-79 页尾效果

本章实训——设计并制作零食店铺首页

本实训通过设计并制作零食店铺首页，巩固所学知识。案例最终效果（见图 4-80）可参考本书配套素材“素材与实例”→“第 4 章”→“零食店铺首页”文件夹中的“零食店铺首页 .psd”文件。

图 4-80　零食店铺首页效果

1. 设计思路

该零食店铺正在参加电商平台举办的“吃货节”活动，此活动主题下的店铺首页在内容方面应充分体现活动信息，在视觉呈现方面应给消费者以“热闹”感，这样才能将消费者带入“吃货节”的活动氛围中。

（1）页面规划。零食店铺首页安排店铺招牌、导航、轮播区、商品展示区和页尾。下面对这些区域进行规划和说明。

① 店铺招牌：因店铺参加平台活动，故选择营销型店铺招牌。店铺招牌中除了加入引导消费者识别品牌的店铺标志、口号，以及引导消费者收藏店铺的按钮外，还加入优惠券，以刺激消费者在店铺内消费。

② 导航：设置通栏导航和页中的横向导航。其中，通栏导航基础内容是按零食类型分类获得的，分别为特色卤味、面包土司、果脯蜜饯、饼干沙琪玛、坚果炒货。为了引导消费者参与“吃货节”活动，在导航靠左位置加入满减优惠导航项“满 99 减 30”和“满 169 减 50”，并将这两个导航项的字体颜色与其他导航项的字体颜色区分开，使其更加突显。

页中的横向导航只放置热销商品类别，并以图文结合的形式呈现，其中的图片选择当前类别下最能够引起消费者食欲的图片，以增加导航吸引力，引导消费者点击进入推广页面。

③ 轮播区：考虑到当前为“吃货节”活动，故选择主题活动型海报，并以“我为吃狂”为主题，引导消费者参与活动。为了刺激消费者购买商品，在海报中加入“第二份半价！！！”文案。除文案外，在海报中还添加各类零食图片，使整个海报显得十分“热闹”，借此将消费者带入活动氛围中。

④ 商品展示区：将店铺中的部分商品按照“当季上新味”“精选实力派”两类进行分区展示。其中，当季上新味区展示当季上新商品，并以商品自身优势作为信息传达点；精选实力派区展示以往销量较好的商品，以促进商品销售。

两个区域都采用两行三列的规范陈列方式，但是每个区域都对商品展示图做出独特设计，使其更有吸引力。其中，当季上新味区中每个展示图都利用美观、诱人的大图展示商品细节，利用小图展示商品包装、整体外观，这样能够在刺激消费者产生想享用美食欲望的同时展示商品信息；而精选实力派区添加首推商品展示图，该展示图与当季上新味区中的展示图相似，也是将令人垂涎的美食效果展示出来，让消费者产生“饥饿感”，从而购买商品。

⑤ 页尾：添加返回顶部按钮、店铺声明、客服联系方式，方便消费者操作，提高其对店铺的信任度。

（2）配色方案确定。店铺首页大面积使用属于类似色的褐色和黄色，以获得和谐统一的画面效果。同时这两种颜色象征着开朗、热情，用于零食店铺首页中，不仅能暗示消费者食用零食后会心情愉悦，又能渲染热闹的氛围，十分贴合活动主题。另外，辅助颜色选择绿色、蓝色，既能给页面增加清新感，又能丰富画面效果。

（3）**构图选择**。店铺首页的部分商品图片采用对角线构图，能为画面增加动感；而海报采用中心构图，能使主题突出。另外，页面还运用点、线、面元素及多种形状来丰富画面效果，如精选实力派区商品展示图边框为线元素，当季上新味区商品展示图为矩形，页中的横向导航图为圆形。

2. 制作过程

（1）**制作页头**。首先利用“矩形选框工具”和“渐变工具”绘制页头背景；然后置入店铺标志并将其移至页头左侧，利用“圆角矩形工具”在店铺标志右侧绘制圆角矩形线框并在其中添加文本以制作收藏店铺按钮；接着利用“圆角矩形工具”、“钢笔工具”、“矩形选框工具”、“椭圆工具”和“横排文字工具”在页头右侧制作 30 元优惠券，复制 30 元优惠券并通过移动位置、修改内容获得 50 元优惠券；最后利用“横排文字工具”添加导航文本。

提示：优惠券背景的制作方法是先用“圆角矩形工具”画出外形，再用“钢笔工具”调整外形，接着设置其属性，最后用“矩形选框工具”绘制浅黄色色块并将其剪贴于圆角矩形中，如图 4-81 所示。

图 4-81　制作优惠券背景

（2）**制作海报**。首先利用“矩形工具”制作海报背景；然后置入素材并调整其大小和位置后，利用图层样式功能为其添加投影，其中桌布素材需剪贴于海报背景中；最后利用“横排文字工具”添加海报文案，并利用图层样式功能为其添加描边和投影。需要注意的是，爱心和箭头素材可根据需要进行添加。

（3）**制作当季上新味区**。首先利用“横排文字工具”制作当季上新味区标题；然后利用“矩形工具”和“横排文字工具”制作一个商品展示图，将其复制并通过移动位置、修改内容获得其他商品展示图。

提示：制作单个商品展示图时，先用“矩形工具”绘制图片边框，再置入素材并将其剪贴于边框中（见图 4-82），以固定图片显示大小。需要注意的是，添加下方的小图时，要为其添加投影图层样式。

图 4-82　制作商品展示图

（4）制作精选实力派区。首先复制当季上新味区标题并通过移动位置、修改内容获得精选实力派区标题；然后利用“圆角矩形工具”和“横排文字工具”制作首推商品展示图；接着利用“圆角矩形工具”、“钢笔工具”和“横排文字工具”制作一个普通商品展示图，将其复制并通过移动位置、修改内容获得其他商品展示图。

提示：制作“抢 | 前 1000 份……”文本底图时，可参照“（1）制作页头”中制作优惠券底图的方法用“钢笔工具”调整底图的外轮廓。

（5）制作页中的横向导航。首先利用“椭圆工具”、“圆角矩形工具”和“横排文字工具”制作一个导航项，然后将其复制并通过移动位置、修改内容制作其他导航项。

（6）制作页尾。首先利用“矩形选框工具”和“椭圆选框工具”绘制页尾背景，然后利用“横排文字工具”、“圆角矩形工具”、“直线工具”和“自定形状工具”添加文本和装饰图形。

第5章 商品详情页视觉营销设计

章|前|导|语

从电商运营角度来说，商品详情页的视觉营销设计是重中之重，因为无论是从店铺首页、商品主图，还是从专题页、推广图跳转过来的消费者，都需要通过浏览商品详情页来获取商品信息，进而做出购买决策。因此，做好商品详情页的视觉营销设计，才能提高商品的成交转化率。本章通过介绍商品详情页的视觉营销设计技巧，带领大家学习如何利用商品详情页促进商品销售。

知|识|目|标

- 了解商品详情页的组成及其作用。
- 掌握商品详情页各区域的视觉营销设计技巧。

技|能|目|标

- 能够对具体商品的详情页进行视觉营销设计。

素|质|目|标

- 加强实践练习，提升专业技能。

5.1 认识商品详情页

商品详情页是指以文字、图片、视频等形式详细介绍商品功能、外观、价格、卖点等信息的页面，主要起到促进商品销售的作用。商品详情页一般由商品主图区、商品属性信息区、商品销售信息区、商品信息描述区、售后保障区五部分组成，如图 5-1 所示。

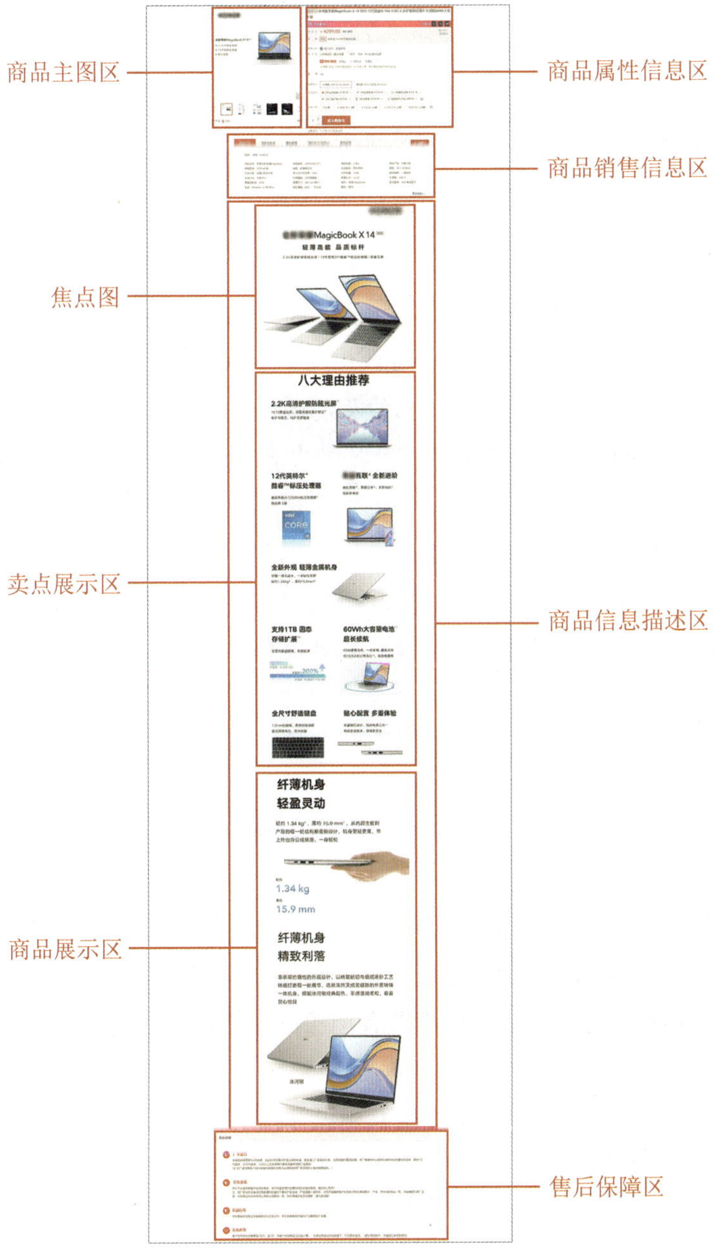

商品主图区
商品属性信息区
商品销售信息区
焦点图
卖点展示区
商品信息描述区
商品展示区
售后保障区

图 5-1　某笔记本电脑详情页

（1）**商品主图区**：以图片和短视频的形式展示商品的外观属性和主要卖点，让消费者对商品有初步印象。

（2）**商品属性信息区**：以文字的形式描述商品的主要属性（如价格、颜色分类等），让消费者对商品有一定的了解。

（3）**商品销售信息区**：以文字的形式向消费者传达商品的销售信息（如品牌、商品名称、商品型号等），让消费者全面、深入地了解商品。

（4）**商品信息描述区**：又分为焦点图、卖点展示区、商品展示区等，它们多以图文结合的形式向消费者展示商品的卖点、材质、款式等，作用是激发消费者的购买欲望。

（5）**售后保障区**：以文字或图文结合的形式展示店铺保障信息（如售后服务），目的是打消消费者的疑虑，促使其放心购买商品。

另外，商品详情页实际也包含页头、页尾等，它们的视觉呈现与店铺首页中页头、页尾等的视觉呈现相同，因此不再赘述。

 **小提示**

商品属性信息区和商品销售信息区均是在店铺装修时直接设置，设置时只需根据要求实事求是填写即可。需要注意的是，在设置商品属性信息区中的商品标题时，既要内容全面，以便消费者搜到商品，又要卖点突出，以吸引消费者注意。

例如，某手表标题为“手表 gs pro 25 天续航智能运动电话手表蓝牙通话 NFC 支付 50 米防水 运动款碳石黑【店长推荐＋送表带等好礼】”，该标题涵盖了商品多个属性，消费者在搜索“手表”“运动电话”等关键词时都可以搜到该商品，而该标题又加入了卖点和优惠信息“25 天续航”“NFC 支付”“50 米防水”“送表带等好礼”，借此来吸引消费者注意。

5.2 解析商品详情页各区域的视觉营销设计技巧

根据 AIDMA 法则，消费者在购买商品时的心理过程为“Attention（注意）→ Interest（兴趣）→ Desire（购买欲望）→ Memory（记忆）→ Action（行动）”。为了迎合消费者的这种购物心理，达到说服消费者购买商品的目的，商品详情页的布局逻辑应为“引起关注→引发兴趣→激发购买欲望→加深记忆→刺激购买”。本节就来介绍商品详情页中各个区域基于这种布局逻辑的视觉营销设计技巧。

5.2.1 引起关注的商品主图区

商品主图区是消费者进入商品详情页后率先看到的区域，其视觉营销设计的好坏关系着消费者是否会继续了解商品。不仅如此，商品主图区的第一幅图片还会显示在电商平台的搜索结果页面中，其视觉营销设计的好坏还影响着商品的点击率。因此，要想引起消费者关注、获得商品流量，促使消费者继续了解商品，就必须做好商品主图的视觉营销设计。下面就从文案设计和视觉呈现两个方面介绍如何对商品主图进行视觉营销设计。

1. 文案设计

要引起消费者的关注，设计商品主图文案时可从以下几点入手。

扫一扫

如何让你的商品主图脱颖而出

（1）**解决消费者关心的问题**。一般来说，消费者在购物时只关心与自己相关的信息，如该款商品是否适合自己，能给自己带来哪些好处等，因此想让商品主图的文案具备吸引力，就要解决消费者关心的问题。

例如，图 5-2 的面膜主图用文案“新包装 新外观 新体验”表明该款面膜换了新包装，但是包装的新旧并不是消费者最关心的问题，他们真正关心的是该款面膜有什么功效，以及使用后会给自己的皮肤带来怎样的改善等，而图 5-3 的面膜主图用文案“双重美白 淡斑提亮”表明使用该款面膜后会达到美白淡斑的效果，这种解决消费者问题的文案，才会获得他们的关注。

图 5-2 面膜主图 1

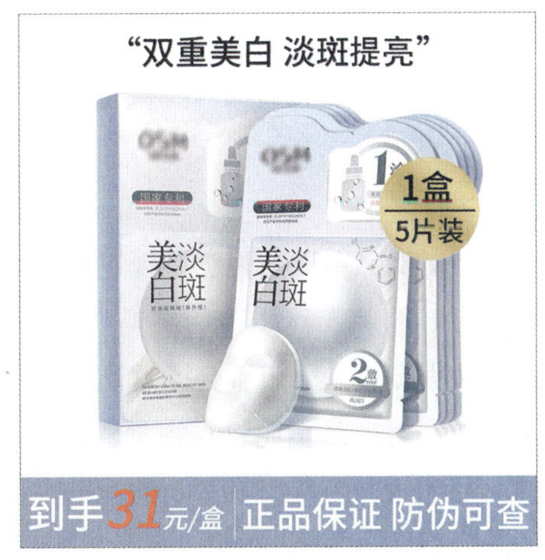

图 5-3 面膜主图 2

（2）**用利益吸引消费者**。大多数消费者很难抗拒“免费”“赠送”“优惠”“低价”等词语的吸引力，甚至这些词语能促使消费者做出购买决策。例如，消费者更愿意在商家开展促销活动（见图 5-4）时购买商品，以追求“花更少的钱，买更多的东西”。

（3）**指定目标消费者**。在对商品主图进行视觉营销设计时，可以通过指定目标消费者，让潜在消费者在看到商品主图后产生“广告就是在说我”的感觉，以使他们产生深入了解商品的想法。例如，图 5-5 的机箱主图用文案“美工专用主机”直接指定该款机箱的目标消费者为美工从业者，非常容易引起这类消费者对商品的兴趣。

图 5-4　女包主图

图 5-5　机箱主图

需要注意的是，利益点并非只有价格，还有时间、效率等，如文案为“营养早餐，3 分钟搞定”就是以“省时”为利益点来吸引消费者注意。

（4）设置“悬念”。在设计文案时，保留一些“悬念”可以引发消费者对商品的好奇心，促使他们深入了解商品。例如，将快速卸妆的卖点文案设计为“如何完成 5 秒卸妆？”可以吊足消费者胃口，引导消费者自己寻找答案，并在寻找答案的过程中深入了解商品。

2. 视觉呈现

在对商品主图的视觉呈现进行设计时，需要注意以下几点。

（1）图片素材要清晰、美观。图片通常是视觉的第一焦点，即使它不在中心位置，仍会被大多数人一眼看到。这是因为图片传达的信息更直观、更易于理解、更有吸引力。因此，在对商品主图进行视觉营销设计时，应使用清晰、美观且能够较好呈现商品主体的商品图片。例如，图 5-6 的女鞋主图中，高跟鞋图片清晰、美观，能够充分展现鞋子的造型。

小提示

商品主图可与同类商品主图形成差异，以吸引消费者关注。例如，同类商品主图多使用白色背景，为了突显差异，可以使用与商品色彩搭配的其他颜色作为背景颜色。

（2）营销信息要突出、层级明确。假设，在黑色画面中添加一个红色按钮，这个红

色按钮会因为强烈的对比而率先被人们看到。如果在按钮位置放置重要信息，该信息将会成为人们的视线切入点，迅速被人们接受。商品主图的设计也是同理，营销信息突出，才能让消费者快速获取信息。当营销信息内容较多时，还要注意对其进行层级划分，如将重要信息放大显示，以使信息层级明确，方便消费者更快了解关键信息。

例如，图 5-7 的电饭煲主图中，价格文案“699”字号最大，其次是卖点文案“少盐不减味”，再次是卖点文案“IH 大火力加热”，其他辅助文案则字号较小，这样的安排可以使浏览主图的消费者率先获取重要的价格信息和卖点信息，同时也不会遗漏其他信息。

图 5-6　女鞋主图

图 5-7　电饭煲主图

（3）画面效果要美观。具有美感的画面效果才更能促使消费者进一步点击，因此在对商品主图进行视觉营销设计时，要通过协调的色彩搭配、合理的构图、适宜的留白等为画面增添美观度。

（4）符合平台规范。为了方便消费者快速找到所需商品，提高消费者的消费体验，主流电商平台都对商品主图做出了相应的规范。例如，淘宝网要求商品主图区的第五张商品主图必须为白底图、无标志、无水印、无文字、无拼接，商品需要正面展示，以及图片中不可以出现模特、衣架、吊牌等。因此，在对商品主图进行设计之前，应先了解其上传平台的设计规范。

实用技巧

在淘宝网中，商品主图区可以展示五张商品主图。除第五张主图外，其他主图内容可以做如下安排：第一张主图突出商品独一无二的优势，以提高点击率；第二张主图主要体现商品的核心卖点，并尽量利用商品的使用场景展示，以引起消费者共鸣；第三、四张主图表现商品的属性信息或细节，以加深消费者对商品的了解。

3. 短视频的应用

研究表明，人类大脑处理可视化内容的速度比处理纯文字内容的速度要快数万倍。相较于静态的图片，集声音、画面于一体的视频更有立体性，可以让观看者更加真切地感受到视频传递的内容。可以说，视频是人类大脑更喜欢的内容呈现形式。

除商品主图外，商品主图区还可以添加商品短视频，利用商品短视频展示商品的外观、使用效果、特点等，可以将商品信息生动、直观地展示在消费者面前，让消费者对商品有更加深入、直观的了解。例如，图 5-8 为某豆浆机介绍短视频，该短视频先展示了商品外观，然后展示了商品的使用场景、使用效果等，而画面上方和下方一直展示着商品特点，整个视频将商品的各个方面介绍得清清楚楚，非常方便消费者做出购买决策。

商品外观　　使用场景　　使用效果

图 5-8　某豆浆机介绍短视频

需要注意的是，在制作商品短视频时，应先对消费者进行调研，将消费者关心的问题整理出来，并将这些问题按重要程度排序，然后用短视频将这些问题一一介绍清楚，这样就可以解答消费者的疑问，打消消费者的疑虑。

知识库

> 虽然比不上视频的立体性，但图表也比文字描述更加直观、形象，特别是一些销售数据、价格变化等信息可以用图表呈现，会使得信息的传达效率更高，更容易被消费者接受。

5.2.2 引发兴趣的焦点图

一切的视觉营销设计都是基于消费者的，尤其是承担着引发消费者兴趣任务的焦点图，更要根据消费者的特点进行设计，这样才能使他们对商品产生兴趣，从而自愿与商品建立起联系。焦点图的视觉营销设计最重要的一点就是要有代入感，这样才能让消费者产生“感同身受”的感觉，从而对商品产生强烈的需求感。

1. 文案设计

要想让焦点图具有代入感，文案方面可从以下几点入手。

(1) **把消费者当“朋友”**。在设计文案时，如果只介绍商品的参数、功能等信息，会让消费者产生距离感，而将消费者当作“朋友”，加入“你”“我”等人称代词，可以营造温暖、和谐的氛围，从而将消费者带入其中，促使消费者主动了解商品，这样可以缩短与消费者的沟通距离。

例如，图 5-9 的女装焦点图利用文案“你的私人定制款”与消费者直接对话，将商品“独一无二”的特点传达给消费者，这种沟通方式不仅将商品的核心卖点直观展示给消费者，还让消费者在不知不觉中产生了代入感。

(2) **描绘使用场景**。在设计文案时，可以用具象且有感染力的文字描绘商品的使用场景，将消费者带入商品的使用联想中，让消费者对商品产生更加具体、真实的印象，从而使其对商品产生浓厚的兴趣。例如，图 5-10 的焦点图用“解放你的双手”“追剧充电两不误”文案描述商品的使用场景，可以让消费者产生用手机追剧时也能轻松充电的联想，从而产生强烈的购买欲望。

图 5-9 女装焦点图

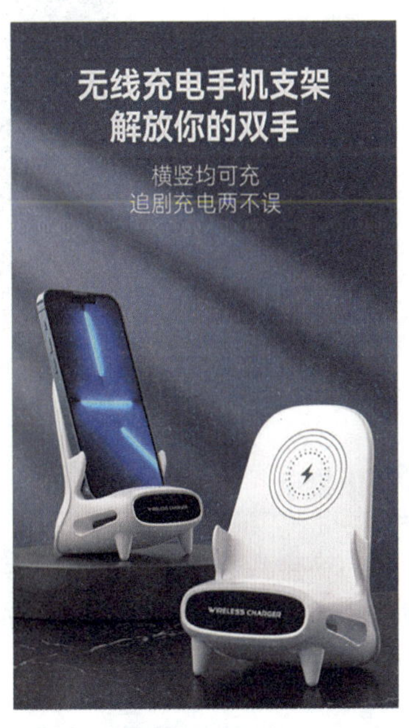

图 5-10 无线充电手机支架焦点图

(3) **借助问题**。在设计文案时，也可通过提问来激发消费者的兴趣。提问就像诱饵一样吸引着消费者，他们会下意识思考这个问题，思考时间越久就越能够记住它，并且会迫切想要知道答案，因此加快浏览速度。例如，某洗面奶焦点图的文案“你的皮肤也遇到过这些难题吗？”就是借助问题，引导消费者寻找这款洗面奶能够解决消费者哪些问题的答案。需要注意的是，答案必须简洁明了，以免消耗消费者的耐心和注意力。

2. 视觉呈现

焦点图是商品详情图中的第一幅图片，也是决定消费者能否对商品产生好感的第一幅图片，其重要程度不言而喻。因此，焦点图的视觉呈现一定要给消费者留下较好的印象，才能引导消费者继续浏览商品。

焦点图的视觉呈现与海报有相似之处，都需要定位精准、主题突出、效果美观。另外，焦点图还需要注重代入感，以将消费者带入商品的使用氛围中。例如，图 5-11 的耳机焦点图利用耳机使用场景图使消费者与模特产生情感共鸣，让消费者对商品产生亲切感和信赖感，从而自愿深入了解商品。

图 5-11　耳机焦点图

小提示

焦点图也可以利用文字、色彩等元素来增强画面的情感，如利用较粗的文字来增强画面的力量感，大面积使用绿色来增强画面的清新感等。

5.2.3　激发购买欲望的卖点展示区

商品卖点是指商品的材质、款式、功能、外观等能够提高消费者对商品好感度的特点。消费者产生购买欲望的原因是商品能给他们带来一定的好处，卖点展示区就是要将卖点展示在消费者面前，通过图文结合的形式让消费者直观感受商品给自己带来的好处，从而提升其对商品的好感度，进而激发消费者的购买欲望。

1. 文案设计

为了激发消费者的购买欲望，设计卖点展示区文案时，可从以下几点入手。

（1）**提炼并精炼卖点**。要充分发挥卖点展示区的刺激作用，就要懂得提炼商品卖点，以在有限的展示范围内将最核心和吸引人的卖点展现给消费者。

提炼卖点的方法通常有三种：一是从商品属性入手，如衣服的独特款式、材质等；二是从商品的功效入手，如面膜的美白功效；三是从商品能够给消费者带来的利益入手，也就是消费者的痛点，如扫地机器人可以解决消费者想“解放双手”的痛点。另外，要想让消费者在进入详情页后快速地了解商品卖点，还需要精炼卖点，以减轻消费者的阅读负担。

（2）**明确商品给消费者带来的好处**。设计卖点展示区文案时，一定要明确商品能给消费者带来的好处。例如，图 5-12 的两幅音响卖点展示图中，左图的“DC 音频输入”会让不懂“行”的消费者看不懂该款音响会给自己带来什么好处；而右图的“音视频同步零延迟”很容易让消费者理解该款音响在观看视频时不会出现音频延迟的特点，这样的文案会让消费者在产生联想的同时有一种获得感，能有效激发他们的购买欲望。

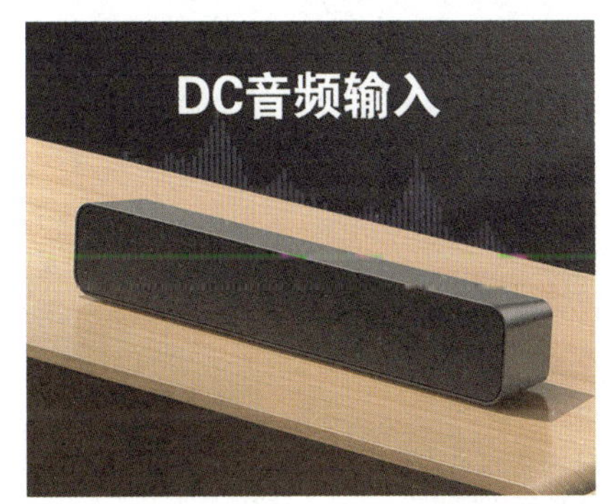

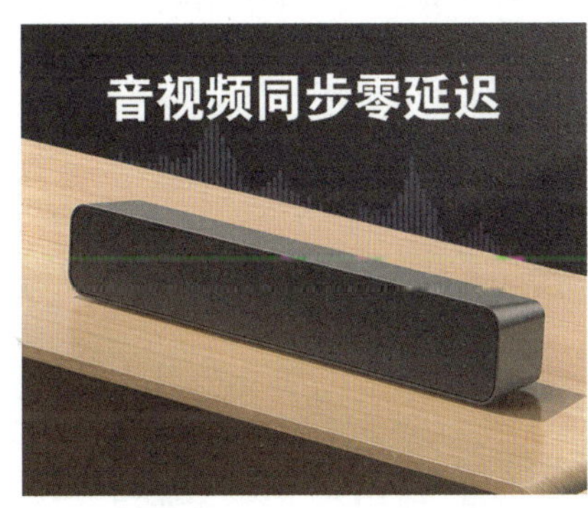

图 5-12 音响卖点展示图

通过这个示例可以发现，好处与卖点不同，却又相关。卖点是商品的特点，而好处是卖点能够带给消费者的利益，只有明确消费者能得到哪些好处的文案，才能让消费者产生联想，促使其最终做出购买决策。

小提示

在描述商品卖点时，切勿出现难理解的新词汇，以免消费者在浏览时转移注意力。这是因为若消费者在浏览商品详情页时看到新的词语，通常会去搜索新词语，在搜索和查看过程中，可能会忘记自己正在浏览的商品。

2. 视觉呈现

一般来说，卖点展示区的内容较多，所以无论是文案、图片，还是图文排版，都要经过精心的设计，才能呈现良好的视觉效果。

1）文案

为保证信息能够传达准确、到位，在对文案进行视觉营销设计时，一定要注意其易读性。简单来说，易读性强调的是通过文字排列来减少阅读阻碍，进而提升阅读效率。要提高文案的易读性，可从以下几点入手。

（1）**层级分明。**卖点展示区的文案通常较海报更多，因此在设计时应注意规划文案层级，合理使用标题，以便让消费者快速了解商品卖点。为此，可适当增强标题和正文的对比度，以使标题突出，这样既能方便消费者阅读，又能强化画面的节奏感。通常，可以通过加大标题字号、加粗标题字体、为标题设置醒目颜色等方式使标题和正文形成明显的对比，使文案主次关系更加分明。

（2）**利用“亲密性”原则划分区域。**当文案较多时，将其排列得较为分散，会使消费者接收信息的过程不连贯，而将其排列得较为集中，又会造成消费者视觉疲劳。因此，应将关联较大的文案排列得较为“亲密”，而关联较小的文案排列得较为“疏远”，从而形成疏密有致的画面效果。例如，图 5-13 的收纳箱卖点展示图中正文文案之间的距离较近，较为“亲密”，而正文文案与标题文案之间的距离较远，较为“疏远”，这样方便消费者区分文案层级和关联度，易于消费者理解文案内容。

图 5-13　收纳箱卖点展示图

2）图片

优质的卖点展示区除了需要出色的营销文案，还需要优质、适合的图片，才能激发消费者的购买欲望。选择卖点展示区使用的图片时，首先要保证其能清晰说明商品卖点，方便消费者充分了解商品的价值，从而愿意购买商品。另外，还要保证图片的美观度和真实性，以使消费者在浏览时感到赏心悦目，同时避免消费者在收到商品后觉得实物与图片不符而对店铺失去信任。

例如，图 5-14 的保温杯卖点展示图，用真实拍摄的、美观的商品图片清晰展示商品卖点，既能让消费者充分了解商品的优势，又能在浏览时悦目娱心，还能因为图片的真实性而增加对商品的信任感，从而激发消费者的购买欲望。

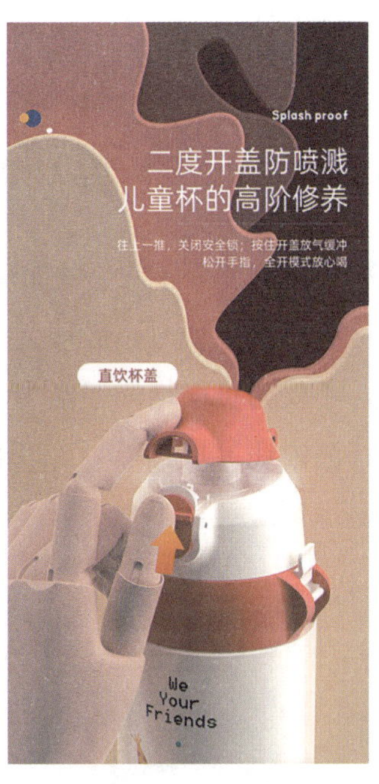

图 5-14　保温杯卖点展示图

另外，展示商品卖点时不免会给消费者以“王婆卖瓜，自卖自夸”的感觉，这会让消费者觉得商家是想说服自己购买商品，因此无法对商品建立起信任感。此时就需要给出真凭实据来打消消费者的疑虑，以建立专业、可信赖的商品形象。通常，可以通过展示资质、检验等方面的证书（见图 5-15），商品的原料（见图 5-16）、制作工艺和过程，买家好评，知名专家推荐，销售数据等来增强商品的说服力，以增加商品的可信度。

图 5-15　商品质检证明

图 5-16　商品的原料

需要注意的是，这类图片使用的颜色不要超过三种，且尽量使用能够传递理性情感的绿色、蓝色、黑色、白色或灰色，装饰元素要简洁，字体要端正，以给消费者“严谨”的视觉印象，从而提高商品的可信度。

3）排版

当卖点展示区的内容较多时，排版就显得尤为重要了，如果没有合理的排版，卖点展示区的视觉呈现会让消费者感到眼花缭乱。在对卖点展示区进行排版时，可从以下几点入手。

（1）合理布局。卖点展示区常见的布局方式有延伸、曲线、层叠、错位等。

当卖点展示区有多个版块时，版块之间可采用延伸或曲线布局。延伸可以打破两个版块之间的界限，不仅为页面增添了活力，还使两个版块的信息产生了关联，如图 5-17 所示。曲线（包括波浪线、折线等）可以避免两个版块之间的界限生硬而使画面显得呆板，如图 5-18 所示。

图 5-17　延伸布局

图 5-18　曲线布局

当一个版块中有多张卖点展示图时，图片之间可采用层叠或错位布局。层叠是将图片叠加排列，能丰富画面效果，也能增加画面的空间感、层次感和设计感，如图 5-19 所示。错位是将图片错位排列，能为画面增加动感，如图 5-20 所示。

图 5-19　层叠布局

图 5-20　错位布局

（2）利用视线流动轨迹。在对卖点展示区中某一版块的文案、图片进行排版时，利用视线流动轨迹，更能充分传达信息。卖点展示区常见的视线流动轨迹有 E 形视线流动轨迹、多点式视线流动轨迹等。

其中，E 形视线流动轨迹在视觉上会给消费者以条理清晰的秩序感，在心理上也会给消费者以严谨、值得信赖的权威感，适用于科技类、家电类等商品详情页，如图 5-21 所示；多点式视线流动轨迹会给消费者以轻松活泼的感觉，适用于玩具类、童装类、奶粉类等商品详情页，如图 5-22 所示。

图 5-21　E 形视线流动轨迹

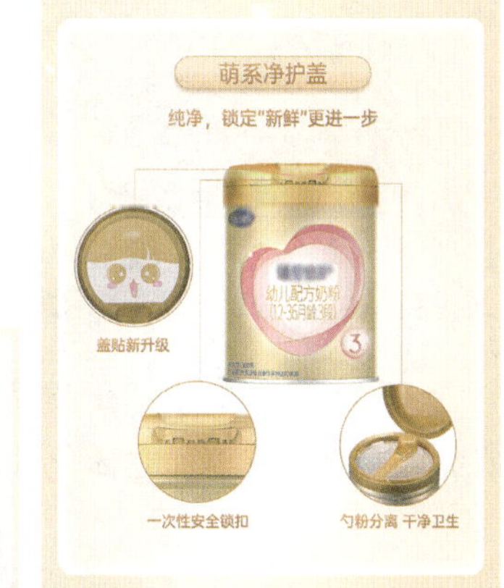

图 5-22　多点式视线流动轨迹

（3）善用数字。当数字出现时，消费者通常会根据数字顺序进行浏览，如数字“1”在哪，消费者就会从哪开始浏览，然后再浏览数字“2”所在区域的内容。因此，商品卖点较多的情况下，善用数字可以引导消费者按顺序浏览卖点，以防有所遗漏，如图 5-23 所示。

小提示

商品展示区、售后保障区等其他区域也可利用上述技巧进行排版。

图 5-23　洗发水卖点展示图

5.2.4　加深记忆的商品展示区

图 5-24　女士手提包正面展示图

顾名思义，商品展示区就是展示商品的区域，该区域的主要作用是加深消费者对商品的记忆。在对商品展示区进行视觉营销设计时，可从以下几个角度进行商品展示。

（1）整体展示。在商品展示区中，一定要率先展示商品的整体效果，以让消费者对商品的外观有直观的了解。通常，最能表现商品形态的角度是正面（见图 5-24）或斜侧面。

（2）多角度展示。在商品展示区中，应尽量展示商品的各个角度（见图 5-25），以便消费者对商品有更加立体化的认识。

图 5-25　女士手提包多角度展示图

（3）细节展示。大多数消费者都是通过商品细节展示图来判断商品品质的，可以说商品细节图的好坏影响着消费者的购买决策。因此，要将商品最典型、最具有价值的细节展示给消费者（见图 5-26），以激发消费者的购买欲望。

耐磨面料

结实手提

可拆可调节肩带

图 5-26　女士手提包细节展示图

（4）款式展示。消费者在购买商品时，会根据自己的喜好选择不同的样式、颜色等，因此商品的款式展示（见图 5-27）也是商品展示区不可缺少的一部分。

图 5-27　女士手提包款式展示图

实用技巧

洗护类商品可展示其功能，甚至可采用对比的方式，让消费者直观了解商品的使用效果。例如，在展示护发素作用时，可展示使用护发素前后的效果对比图。

食品类商品可展示其食用场景、特写等，这种视觉刺激可以使消费者产生“饥饿感”，从而产生强烈的购买欲望。

（5）参数展示。对商品有一定的了解后，消费者通常还会想更进一步地了解商品，如商品的尺寸、材料、产地等，因此商品的参数也要展示出来，它可以给消费者以真实感，提高消费者对商品的信任。一般来说，商品参数可以以图表或图文结合的形式展示（见图 5-28），也可以以表格的形式展示。

图 5-28　女士手提包参数展示图

（6）包装展示。对于某些易碎、易脏等类型的商品，还可以展示其包装（见图 5-29），以打消消费者的疑虑，促使其放心购买商品。

图 5-29　女士手提包包装展示图

小提示

通常，商品展示区的文案只需辅助商品图片进行说明即可，故不再详细叙述。

5.2.5 刺激购买的售后保障区

消费者在下单前会因为哪些因素犹豫？是能否按时送达、能否提供免费安装服务，还是能否退换货、是否有售后服务等？售后保障区就是提前打消消费者的这些疑虑，让消费者放心地下单，如图 5-30 所示。

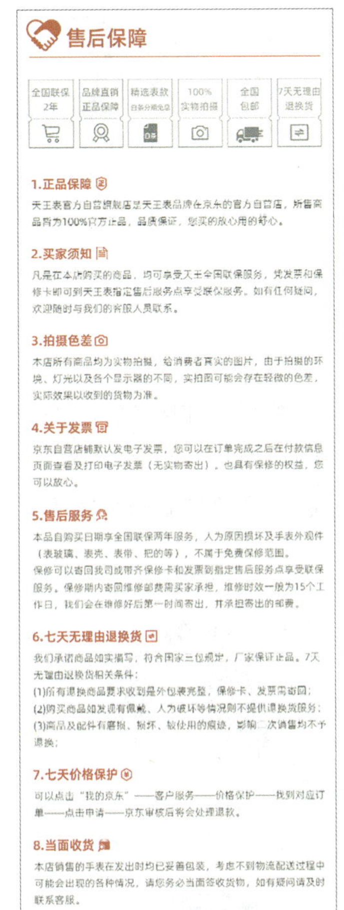

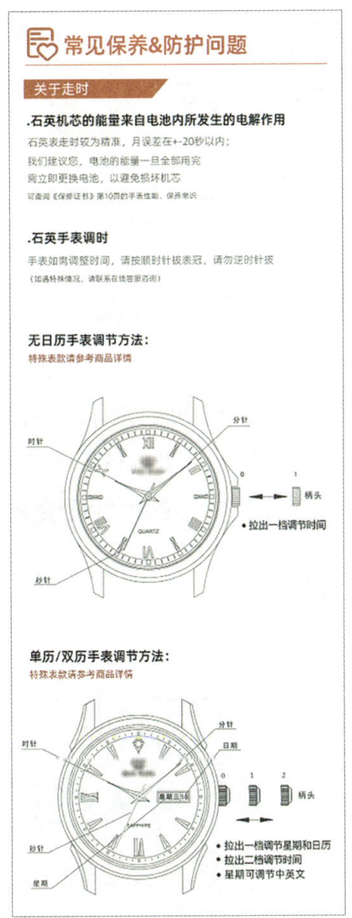

图 5-30 手表售后保障和服务展示图

知识库

商品详情页除了会安排上述内容外，还可安排关联商品销售区、会员中心、品牌信息等内容。关联商品销售区可以展示与当前商品搭配使用的其他商品，如衬衫详情页可以展示与衬衫搭配的裤子或裙子，也可以展示店铺内出售的其他商品（见图 5-31），以促进商品销售。会员中心可以展示会员福利（见图 5-32），以提高会员的消费频次。品牌信息可以展示品牌实力（见图 5-33），以提升消费者对店铺的信任度。

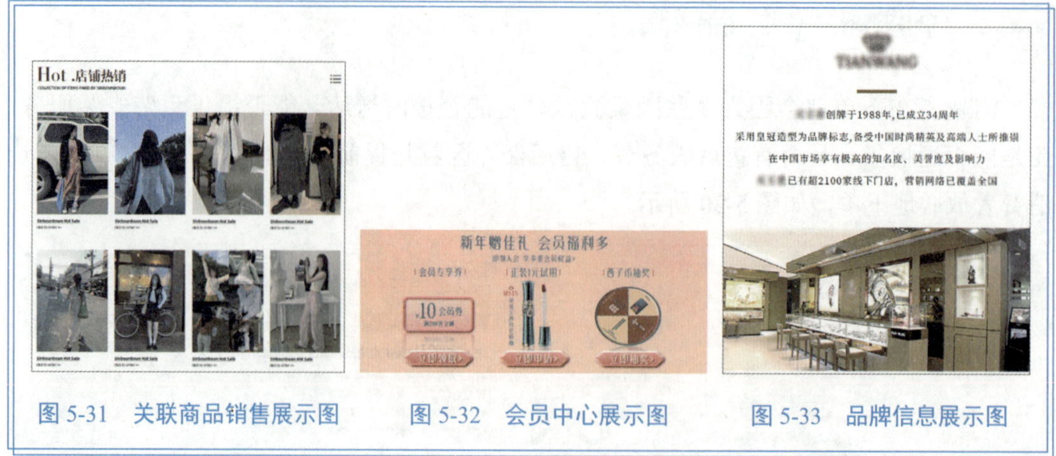

图 5-31 关联商品销售展示图　　图 5-32 会员中心展示图　　图 5-33 品牌信息展示图

5.3 设计并制作气质套装详情页

本节将以气质套装详情页的设计与制作为例，介绍商品详情页的设计技巧与制作方法。案例最终效果（见图 5-34 和图 5-35）可参考本书配套素材“素材与实例”→“第 5 章”→“气质套装详情页”文件夹中的“气质套装主图 .psd”和“气质套装详情图 .psd”文件。

图 5-34 气质套装主图效果

图 5-35　气质套装详情图效果

5.3.1 设计思路

本款套装的目标消费者为25～40岁职业女性，这类女性优雅、时尚与干练并存，购买服装时注重品质感与时尚感。接下来根据目标消费者的特点，对气质套装详情页进行视觉营销设计。

1. 页面规划

气质套装详情页从上到下依次为商品主图区、焦点图、卖点展示区、商品展示区、售后保障区。下面对这些区域进行规划和说明。

（1）商品主图区：考虑到目标消费者的特点，在主图中加入新品相关信息“NEW”“夏季新品”，以吸引消费者注意，并用“职场女性首选”文案指定目标消费者，以引起职场女性对商品的兴趣。为了激发消费者的购买欲望，加入优惠信息“限量限时特惠购”“新品抢先价：¥199”。

另外，同类商品主图大多只放置商品图片和店铺标志，而该商品主图选择不同的呈现方式，除了添加商品正面图片外，还添加背景、夏季元素等，这种差异化可以使该商品主图在众多商品主图中脱颖而出，吸引消费者注意。

小提示

商品主图的设计与营销策略息息相关，不同作用的主图虽然侧重点不同，但制作方法大同小异，本节只设计并制作一幅主图作为示例，读者可自行制作更多主图。

（2）焦点图：考虑到目标消费者注重时尚的特点，焦点图主题文案设计成“夏季新时尚”；为了拉进与消费者的距离，除了指定目标消费者外，还在文案中加入人称代词“你”，如文案“你就是职场女王”；为了刺激消费者购买商品，添加“限时特惠”等文案。

另外，利用与目标消费者年龄、气质相似的模特进行商品展示，可以让消费者更有代入感，对商品产生具体、真实的印象，以引发消费者对商品的兴趣。

（3）卖点展示区：包括两个部分，展示商品最核心的两个卖点。首先，目标消费者最关注商品的品质感，因此卖点展示区的第一部分添加文案“舒适随性 & 气质出尘”说明商品既能给消费者以舒适感，又能让消费者气质出众。其次，考虑到消费者体型各异，因此第二部分添加说明商品适用多种体型的文案，让消费者放心购买。另外，每个卖点都搭配相关展示图片，可以更好地说明卖点。

（4）商品展示区：包括三个部分，商品信息展示、模特展示和细节展示。第一部分为商品信息展示，以图文结合的形式详细说明商品信息，让消费者全面、透彻地了解商品。第二部分为模特展示，同样利用与目标消费者年龄、气质相似的模特进行商品多角度展示，包括商品的正面、侧面和背面，让消费者对商品有一个全面、立体的认识，在展示商品的同时加入一些文案，既可以丰富画面效果，又可以补充说明商品优势，以加深消费者对商品的记忆。第三部分为细节展示，通过领口、腰部等设计细节表现商品的品质，以激发消费者的购买欲望。

（5）售后保障区：包括两个部分，分别为用于提升消费者对店铺和商品好感度的贴心提示，以及使消费者无后顾之忧的购买须知。

2. 配色方案确定

考虑到商品的穿着季节为夏季，将主图背景、焦点图背景等设置为蓝色，以给消费者带来清凉之感。大部分文案采用黑色和灰色，可以方便消费者查看商品信息，同时使画面效果简洁大气。另外，这样的配色既符合目标消费者优雅、干练的特点，又能与店铺首页的配色统一，可以起到强化品牌形象的作用，让消费者对品牌有统一、完整的认识。

3. 构图和布局选择

商品主图一侧展示商品，另一侧展示说明文案，这种平衡式构图方式可以使画面具有稳定感。而商品详情图的部分内容采用层叠、错位等布局方式，既能丰富画面效果，又能增加画面的空间感、层次感和设计感。另外，焦点图采用时尚杂志封面的布局方式，可以为商品增添时尚感；细节展示部分利用数字错位布局内容，可以在引导消费者视线的同时丰富画面效果。

5.3.2 制作过程

1. 制作商品主图

步骤 1 新建一个名为“气质套装主图”、宽度为 800 像素、高度为 800 像素、分辨率为 72 像素 / 英寸、颜色模式为 RGB 的文档。

小提示

商品详情页中不同区域的尺寸如下：多数平台的商品主图尺寸为 800 像素 ×800 像素；淘宝网商品详情图的宽度通常为 750 像素，天猫和京东商城商品详情图的宽度通常为 790 像素，高度则根据页面内容的多少而定。

步骤 2 将前景色设置为蓝色（#76c4e9），然后按“Alt+Delete”组合键为“背景”图层填充前景色。使用“矩形工具”■在画面左上方绘制一个宽度为 270 像素、高度为

647像素的矩形，并设置其填充色为浅蓝色（#c7dde8），描边为无，然后在画面右上方绘制一个宽度为530像素、高度为647像素的矩形，并设置其填充色为浅绿色（#b9e7d7），描边为无，效果如图5-36所示。

步骤3 在画面靠左位置绘制一个宽度为578像素、高度为515像素的矩形，并设置其填充为无，描边色为白色（#ffffff），描边宽度为15像素，然后将其底边与浅绿色矩形背景底边对齐，效果如图5-37所示。

图5-36 背景效果

图5-37 边框效果

步骤4 置入素材“叶子素材.png”文件，效果如图5-38所示。

步骤5 置入素材“服装1.jpg”文件并右击，从弹出的快捷菜单中选择“栅格化图层”项，将该图层由智能对象转换为普通图层，然后选择“魔棒工具”，在工具属性栏设置容差为0，并勾选“连续”复选框，接着在服装1素材背景处单击为其创建选区，最后按住“Shift”键的同时单击未创建选区的背景（如模特发间、膝盖内侧等）直至为整个背景创建选区，效果如图5-39所示。

图5-38 添加树叶素材效果

图5-39 为背景创建选区效果

步骤 6 按“Delete”键删除背景，然后按“Ctrl+D”组合键取消选区。

步骤 7 选择“橡皮擦工具”，擦拭模特头发边缘（见图 5-40）等位置，使其与背景融合得更加自然，然后调整服装 1 素材的大小和位置，效果如图 5-41 所示。

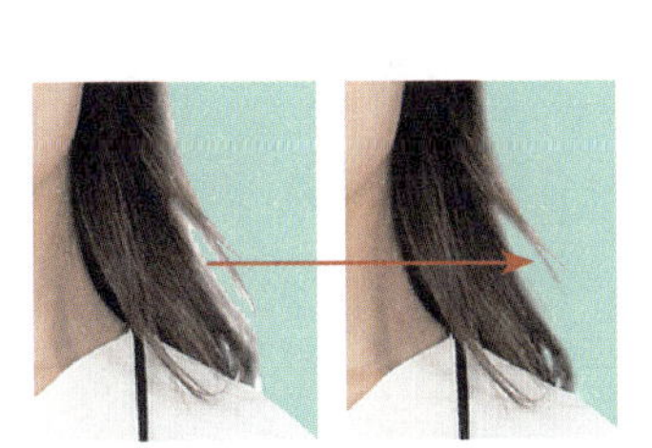

图 5-40 处理模特头发边缘

图 5-41 调整服装 1 素材大小和位置效果

步骤 8 在画面合适位置添加文本和装饰图形，如图 5-42 所示。

图 5-42 添加文本和装饰图形

2. 制作焦点图

步骤 1 新建一个名为“气质套装详情图”、宽度为 750 像素、高度为 11580 像素、分辨率为 72 像素 / 英寸、颜色模式为 RGB 的文档。

步骤 2 使用“矩形工具”在画面顶部绘制一个宽度为 750 像素、高度为 1422 像素的矩形，并设置其填充色为蓝色（#c4d9e4），描边为无。

步骤 3 置入素材“服装 2.jpg”文件，并采用抠取服装 1 素材的方法将其抠出，然后调整其大小和位置。

步骤 4 在服装 2 素材模特左侧合适位置添加文本，并参照效果图调整图层顺序，如图 5-43 所示。

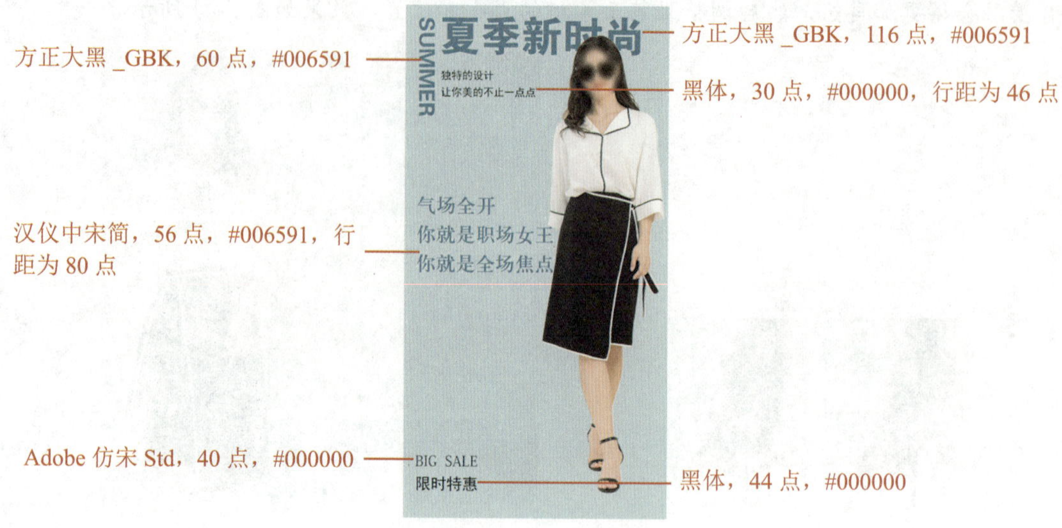

图 5-43 添加焦点图文本

3. 制作卖点展示区

步骤 1 使用“直线工具”在焦点图下方绘制一条斜线并设置其属性，如图 5-44 所示。复制直线并将其垂直下移（移动的同时按住“Shift”键）至合适位置，效果如图 5-45 所示。

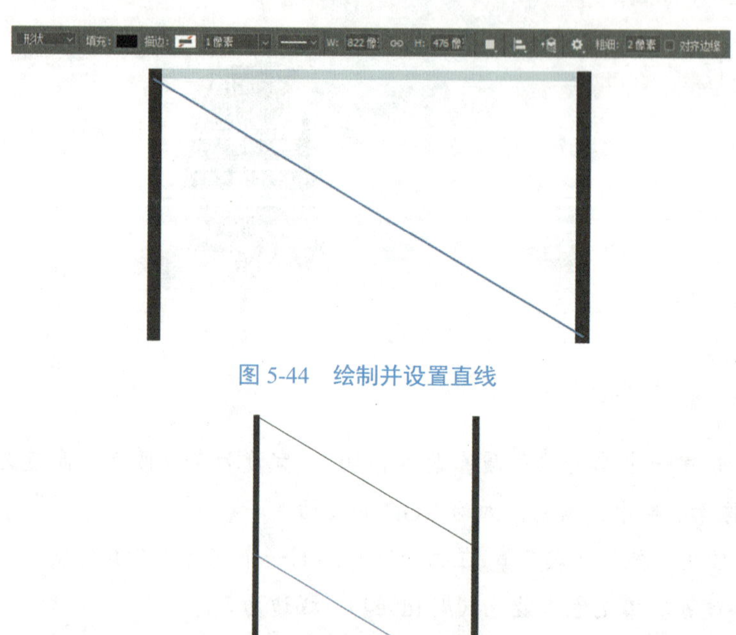

图 5-44 绘制并设置直线

图 5-45 复制直线并移动位置效果

步骤 2 置入素材“服装 3.jpg”文件，然后使用“矩形选框工具”框选模特（见图 5-46），接着单击“图层”面板底部的“添加图层蒙版”按钮，为素材添加图层蒙版，以遮挡多余部分（效果见图 5-47），最后调整服装 3 素材的大小和位置，效果如图 5-48 所示。

图 5-46 框选模特　　图 5-47 添加蒙版效果　　图 5-48 调整服装 3 素材大小和位置效果

步骤 3 在画面中合适位置添加文本，如图 5-49 所示。

图 5-49 添加卖点文本

步骤 4 置入素材“服装 4.jpg”文件，并将其放置在第一个卖点展示图下方靠右位置，然后将其栅格化处理，效果如图 5-50 所示。

步骤 5 使用“矩形选框工具” 框选服装 4 素材左侧背景（见图 5-51），然后按“Ctrl+T”组合键调出变换框，按住“Shift”键的同时拖动左侧中间的控制点至页面左边缘后按“Enter”键确认，最后按“Ctrl+D”组合键取消选区，效果如图 5-52 所示。

图 5-50 置入服装 4 素材并调整位置效果

图 5-51 框选左侧背景

图 5-52 调整背景效果

步骤 6 使用“矩形工具” 在服装 4 素材模特左侧绘制一个宽度为 360 像素、高度为 760 像素的矩形，并设置其填充色为白色（#ffffff），描边为无，然后设置其图层不透明度为 50%，如图 5-53 所示。

图 5-53 绘制并设置矩形

步骤 7 在矩形上添加文本和装饰图形，然后置入服装 5 素材，并采用步骤 2 的方法在绘制圆形选区后为服装 5 素材添加图层蒙版，最后调整文本、装饰图形、服装 5 素材的位置，使其与矩形居中对齐，如图 5-54 所示。

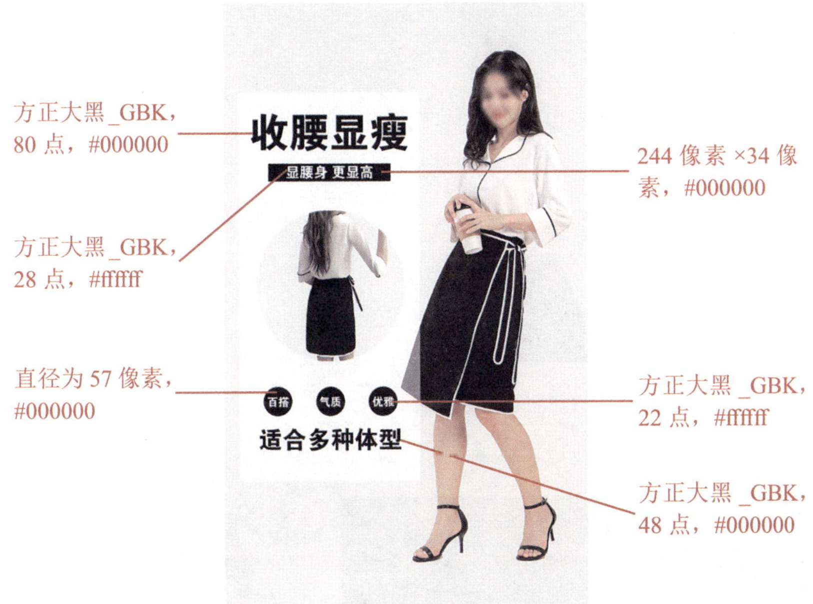

图 5-54 添加文本、装饰图形和服装 5 素材并调整位置

4. 制作商品展示区

步骤 1 使用“矩形工具”在卖点展示区下方绘制大小不同的矩形，并利用变换工具调整它们的形状，然后设置它们的填充或描边（填充色和描边色均为黑色 #000000，描边宽度为 1 像素），作为标题的装饰图形，效果如图 5-55 所示。

步骤 2 在装饰图形内添加标题文本，其中中文字体为 Adobe 黑体 Std，字体大小为 44 点，字体颜色为黑色（#000000），字距为 120，英文字体为 Adobe 黑体 Std，字体大小为 20 点，字体颜色为黑色（#000000），字距为 240，效果如图 5-56 所示。

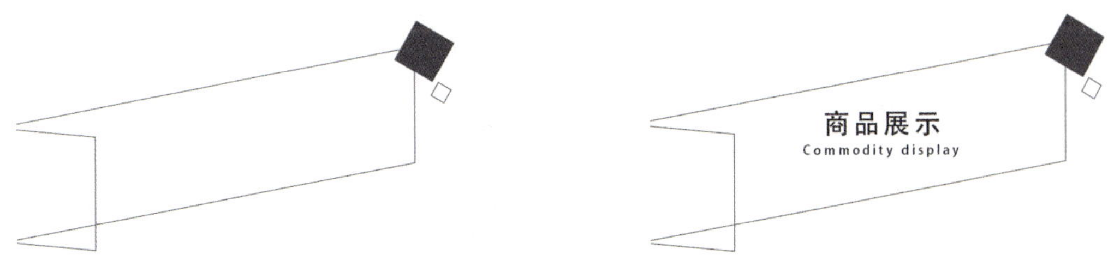

图 5-55 标题的装饰图形效果

图 5-56 标题文本效果

步骤 3 置入服装 6 素材，并调整其大小和位置，然后采用处理服装 4 素材背景的方法拉伸服装 6 素材右侧背景，效果如图 5-57 所示。

步骤 4 使用“矩形工具”在服装 6 素材模特右侧绘制一个宽度为 336 像素、高度为 560 像素的矩形，并设置其填充色为浅灰色（#f9f9f9），描边为无，然后将其复制，并为复制的矩形添加描边图层样式，如图 5-58 所示。

图 5-57　添加服装 6 素材并调整大小、位置和背景效果

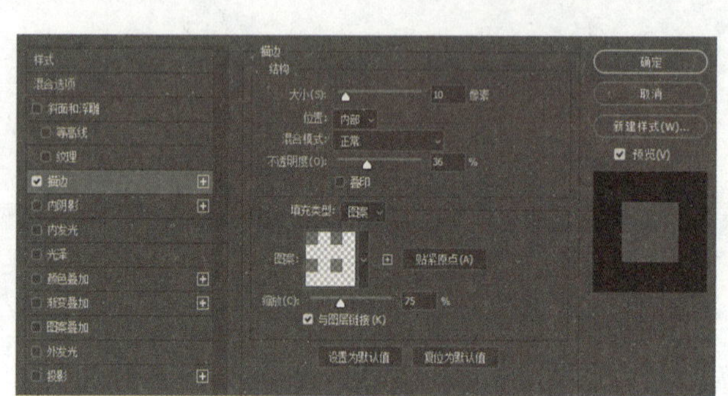

图 5-58　制作商品信息底图

步骤 5　在矩形上添加文本及示意图，如图 5-59 所示。

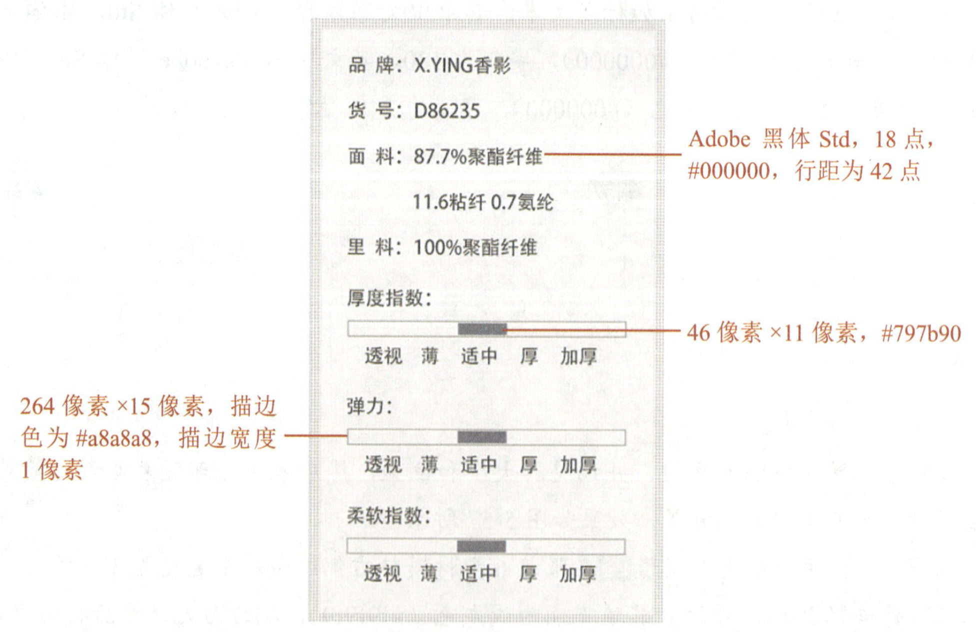

图 5-59　添加商品信息

步骤 6 置入素材“尺码表 .jpg”文件，并将其放置在商品信息展示图下方。

步骤 7 在尺码表下方添加模特展示标题文本，其中中文字体为 Adobe 黑体 Std，字体大小为 36 点，字体颜色为黑色（#000000），字距为 120，英文字体为 Adobe 黑体 Std，字体大小为 18 点，字体颜色为黑色（#000000），字距为 240，效果如图 5-60 所示。

步骤 8 使用“矩形工具”在模特展示标题下方绘制一个宽度为 746 像素、高度为 138 像素的矩形，并设置其填充色为浅灰色（#f7f7f7），描边为无，然后在矩形中添加模特头像素材与文本，其中文本的字体大小均为 20 点，字体颜色为深灰色（#808080），行距为 36 点，文本“模特信息”的字体为方正大黑 _GBK，其他文本的字体为 Adobe 黑体 Std，效果如图 5-61 所示。

模特展示
Model display

图 5-60 模特展示标题效果

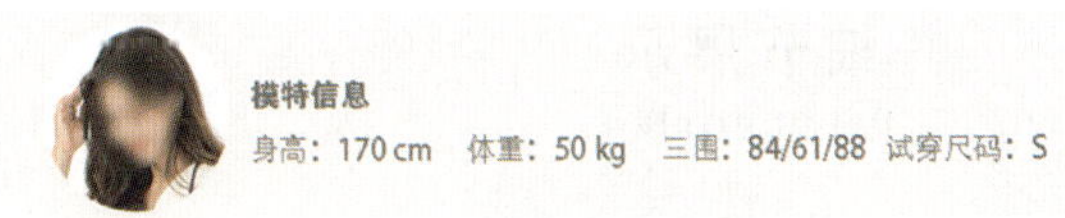

图 5-61 模特信息效果

步骤 9 置入服装 7 ～服装 11 素材并将其移至合适位置，然后在画面中合适位置添加文本和装饰线，效果如图 5-62 所示。其中，文本的字体均为方正细黑一 _GBK，字体颜色为深灰色（#808080），字距为 300，行距为 24 点，文本“SHOW”的字体大小为 40 点，其他文本的字体大小为 14 点；装饰线颜色为深灰色（#808080）。

图 5-62 模特展示效果

步骤 10 复制模特展示标题并通过修改内容、调整位置制作细节展示标题，效果如图 5-63 所示。

步骤 11 置入服装 12 素材，并将其放置在细节展示标题下方靠右位置。

步骤 12 使用“矩形工具”▭为服装 12 素材添加宽度为 398 像素、高度为 213 像素、填充为无、描边色为黑色（#000000）、描边宽度为 1 像素的矩形边框，效果如图 5-64 所示。

细节展示
Detail display

图 5-63　细节展示标题效果

图 5-64　矩形边框效果

步骤 13 在画面合适位置添加文本和装饰图形，如图 5-65 所示。此时，一个细节展示图制作完成。

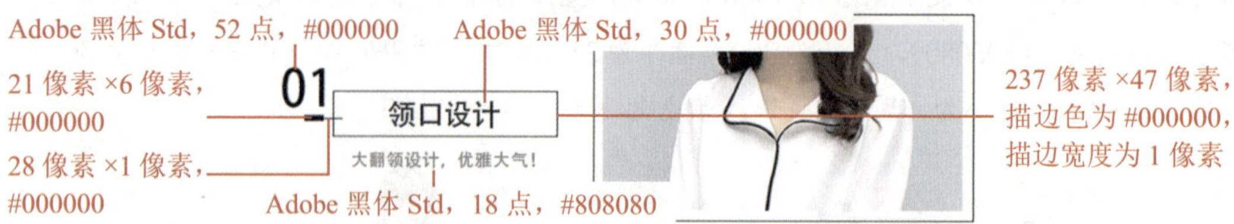

图 5-65　添加文本和装饰图形

步骤 14 复制三份细节展示图并通过修改内容、调整位置制作其他细节展示图，效果如图 5-66 所示。采用上述方法制作服装剪裁展示图，效果如图 5-67 所示。

图 5-66　其他细节展示图效果

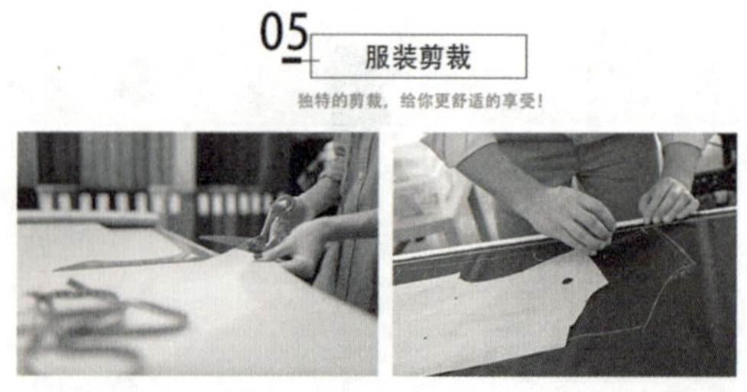

图 5-67　服装剪裁展示图效果

5. 制作售后保障区

步骤 1 复制商品展示标题并通过修改内容、调整位置制作贴心提示标题，效果如图 5-68 所示。

步骤 2 添加贴心提示文本、装饰图形及图标素材。其中，标题文本的字体为 Adobe 黑体 Std，字体大小为 18 点，字体颜色为深灰色（#353535）；正文文本的字体为 Adobe 黑体 Std，字体大小为 14 点，字体颜色为深灰色（#353535），行距为 30 点；装饰图形填充为无，描边色为灰色（#808080），描边宽度为 1 像素，效果如图 5-69 所示。

图 5-68 贴心提示标题效果

洗涤说明	温馨提示
手洗　不可漂白　蒸汽熨烫　悬挂晾干　不可烘干	* 因个人显示器显示差异，图片与实物可能会有细微色差 * 因拍摄光线不同，图片比实物稍微偏亮一些，最终已收到的实物为准，介意的MM慎拍

图 5-69 贴心提示内容效果

步骤 3 复制贴心提示标题并通过修改内容、调整位置制作购买须知标题，效果如图 5-70 所示。

步骤 4 添加购买须知文本和装饰线。其中，购买须知文本属性与贴心提示文本属性相同；装饰线由字符“-”组成，其文本属性与步骤 2 中标题文本属性相同，效果如图 5-71 所示。

购买须知
Purchase notes

图 5-70 购买须知标题效果

★ 关于退换

本店有完善的退换服务，支持7天无理由退换。在规定时间内，衣物未经水洗，吊牌、赠品等配件保存完好，可联系客服退换货，请放心购买！

★ 关于快递

本店默认发申通快递，发其他快递请联系客服补5元邮费差价，如有疑问请咨询客服。

★ 关于客服

如果客服未能及时回复，可能是咨询量过大，请耐心等待。如果时间过长，可联系其他客服，或者给我们留言，我们会及时回复，由此给您带来的不便敬请谅解！

★ 关于色差

因个人显示器色域问题，会存在轻微色差，颜色请参考实物细节及图示说明，请知悉，谢谢！

图 5-71 购买须知内容效果

小提示

最终制作出的商品详情页通常是一幅完整的图片，便于查看页面整体效果。但在实际应用中，这样的图片往往尺寸过大，无法直接上传使用，此时需先对其进行切片再导出。具体方法为，选择“切片工具”，并根据实际需要绘制切片区域，整个商品详情页切割好后，选择“文件”→“导出”→“存储为Web所用格式（旧版）”菜单项，打开“存储为Web所用格式”对话框，在其中设置好参数后单击“存储”按钮，此时会打开“将优化结果存储为”对话框，在其中设置好参数后，单击“保存”按钮，此时还会弹出提示框，单击提示框中的“确定”按钮即可导出切割好的商品详情页图片。

本章实训——设计并制作巴旦木详情页

本实训通过设计并制作巴旦木详情页，巩固所学知识。案例最终效果（见图5-72和图5-73）可参考本书配套素材“素材与实例”→“第5章”→“巴旦木详情页”文件夹中的“巴旦木主图.psd”和“巴旦木详情图.psd”文件。

图5-72 巴旦木主图效果

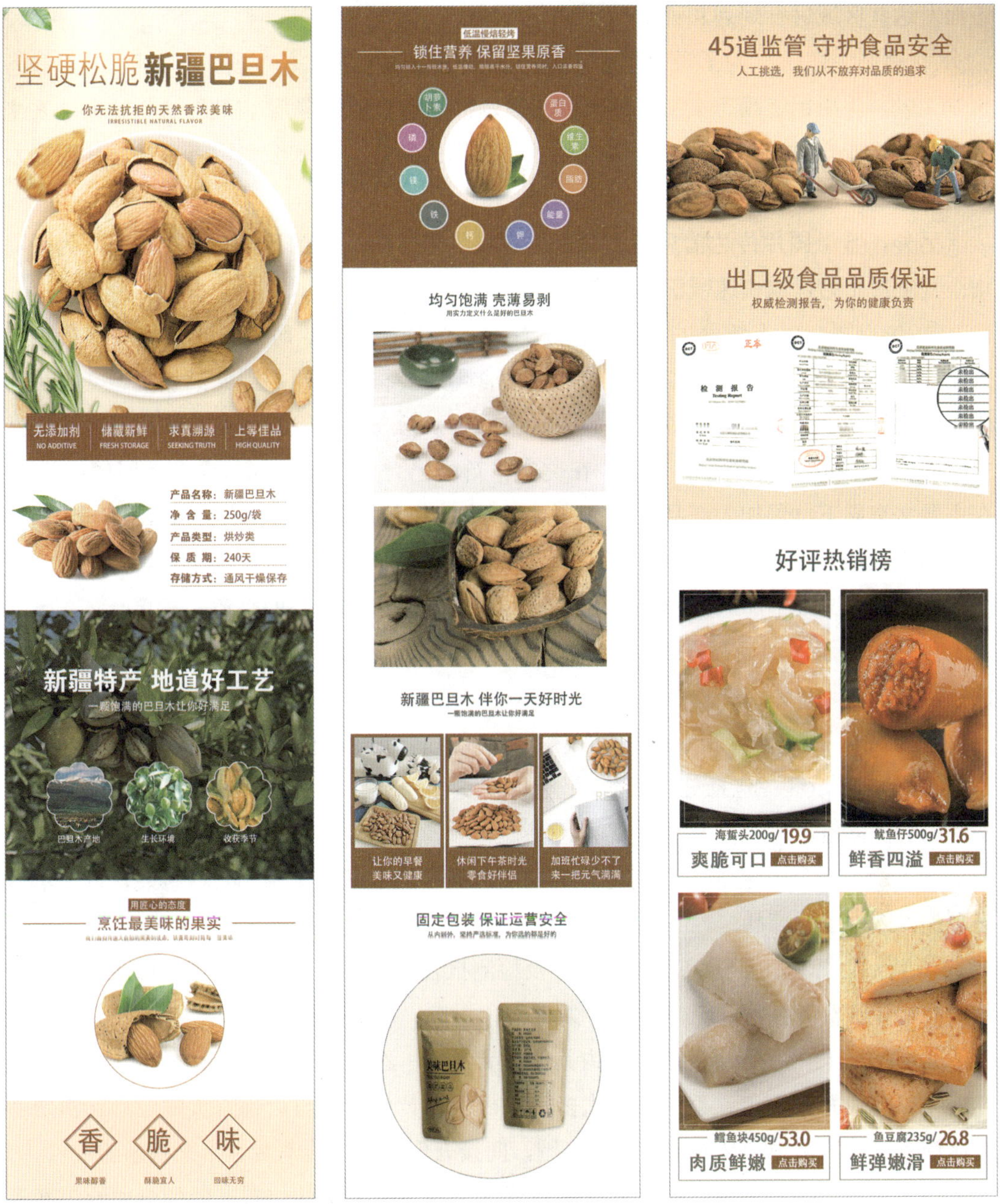

图 5-73　巴旦木详情图效果

1．设计思路

本款零食源产自新疆，营养丰富，适合各个年龄阶段的人群食用。

（1）页面规划。巴旦木详情页从上到下依次为商品主图区、焦点图、商品信息区、卖点展示区、商品展示区、售后保障区、关联销售区。其中，考虑到食品类商品的特点，将保质期、存储方式等消费者关心的信息优先展示，即在首焦图之后安排商品信息区。

下面对这些区域进行规划和说明。

① 商品主图区：为了吸引消费者注意，添加文案“第二份半价！！！”“减后参考价 ¥12.9”，并用粗笔画、大字号使其突出显示；添加“新鲜爆款 自然甄选”辅助文案来说明商品源于自然、新鲜又安全、可以放心食用的特点，以刺激消费者点击，从而深入了解商品。

另外，鉴于图片传达信息更直观、更有吸引力，用商品图片填充整个画面，为画面增添视觉冲击力，以快速吸引消费者目光。

② 焦点图：由于新疆的独特地理位置和气候条件，日照时间长、干旱和昼夜温差大，使得新疆巴旦木含油量高、含糖量高，食用时会格外香甜，因此添加主题文案“新疆巴旦木”说明该特点，并将其设置得最为醒目，旨在宣扬巴旦木的美味；而为了让消费者对商品口感有更深入的认识，在文案“新疆巴旦木”前又加入文案“坚硬松脆”；在主题文案靠下位置加入商品主要卖点文案“你无法抗拒的天然香浓美味”，进一步描述商品的“天然”“香浓”等特点，用以提高消费者的好感度。另外，为了拉进与消费者的距离，在卖点文案中加入人称代词“你”，以引发消费者对商品的兴趣。

焦点图除了添加商品图片外，还包含绿叶元素，这样可以借绿叶寓意商品“天然”的特点。

③ 商品信息区：详细展示商品信息，让消费者全面了解商品。

④ 卖点展示区：包括三个部分，分别从产地、味道、营养方面介绍商品，以激发消费者的购买欲望。

⑤ 商品展示区：包括三个部分，分别展示商品的外观、食用场景、包装，以便消费者更加深入地了解商品。

⑥ 售后保障区：展示商品生产工序及检测报告，目的是告诉消费者可以放心食用本款商品，让消费者打消疑虑，从而购买商品。

⑦ 关联销售区：为了促进店铺内其他商品销售，添加关联商品展示。

（2）**配色方案确定**。整个页面大多使用褐色和黄色，既与店铺首页呼应，让消费者对店铺有完整的认识，又能渲染热闹氛围，间接表现商品能给消费者带来欢乐的特点。

（3）**构图与布局选择**。将主要文案放置在商品主图偏下的位置，能使画面给消费者以稳定感。而商品详情图部分内容采用延伸等布局方式，不仅为页面增添了活力，还能使不同区域之间的关联性增强。另外，部分内容采用多点式视线流动轨迹，会给消费者以轻松活泼的感觉。

2. 制作过程

（1）**制作主图**。首先置入商品图片素材，然后用“钢笔工具”和“矩形工具”绘制文案底图，最后在底图上添加文案。

（2）制作焦点图。首先置入商品图片素材，然后添加文案。

（3）制作商品信息区。首先在焦点图靠下位置绘制底图，然后在底图上添加主要卖点文案，接着置入商品图片素材，最后在商品图片素材右侧添加商品信息文案和装饰线。

（4）制作卖点展示区第一部分。首先置入背景素材，然后绘制一个与背景素材同等大小的黑色矩形，并设置其图层不透明度为20%，最后添加产地卖点素材和文案。

（5）制作卖点展示区第二部分。首先添加标题，然后绘制一个正圆并将素材“巴旦木 5.jpg”文件剪贴其中，接着绘制味道卖点背景，再添加味道卖点文案及其底图，以制作一个味道卖点展示图，最后复制两份味道卖点展示图，并通过修改内容、调整位置制作其他味道卖点展示图。

提示：味道卖点文案底图的制作方法是先绘制一个正方形并将其旋转90°后设置其属性，然后将其复制并调整大小和属性，效果如图 5-74 所示。

图 5-74　味道卖点文案底图效果

（6）制作卖点展示区第三部分。首先复制卖点展示区第二部分的标题并通过修改内容、调整位置制作第三部分的标题，然后采用步骤（5）的方法制作营养卖点内容。

（7）制作商品展示区第一部分。首先添加标题，然后置入商品展示素材。

（8）制作商品展示区第二、三部分。首先复制商品展示区第一部分的标题并通过修改内容、调整位置制作第二、三部分的标题，然后采用步骤（5）的方法制作食用场景展示图和包装内容。

（9）制作售后保障区。首先添加巴旦木＋小人素材和检测报告底图，然后添加文案。

提示：检测报告底图要覆盖巴旦木＋小人素材靠下部分，然后为检测报告底图添加图层蒙版，接着使用黑色画笔对其靠上部分进行涂抹，以使其与巴旦木＋小人素材过渡自然。

（10）制作关联销售区。首先添加标题，然后置入关联销售商品素材并添加说明文案和装饰图形，以制作一个关联销售商品展示图。复制三份并通过修改内容、调整位置制作其他关联销售商品展示图。

第6章 专题页视觉营销设计

章|前|导|语

专题页是指针对某项营销活动而专门设计和制作的页面，主要是为了提高商品销量，以及提升店铺和品牌知名度。本章将介绍如何对专题页进行视觉营销设计，以便充分发挥其作用，达到为店铺吸引流量、提高销量的目的。

知|识|目|标

- 了解专题页的组成及其作用。
- 掌握专题页各区域的视觉营销设计技巧。

技|能|目|标

- 能够根据店铺活动，对专题页进行针对性的视觉营销设计。

素|质|目|标

- 不断提升专业技能和职业素养。

6.1 认识专题页

专题页形式多种多样，一般由首屏海报、促销优惠区和商品展示区三部分组成，如图 6-1 所示。

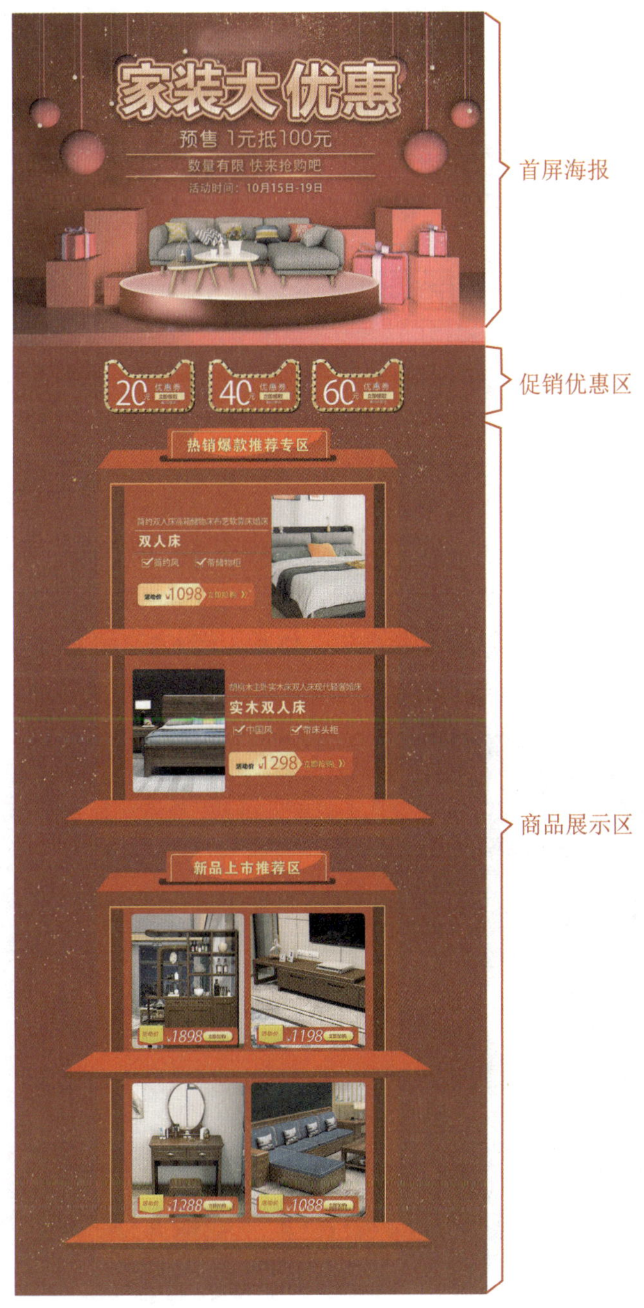

图 6-1　某家具店铺专题页

（1）首屏海报：通常展示活动主题、活动时间、活动优惠力度等活动信息，作用是将活动信息充分传达给消费者，引发消费者对活动的兴趣。

（2）促销优惠区：显示优惠信息，以刺激消费者参与活动。

（3）商品展示区：大多展示促销商品，以引导消费者购买。

6.2 解析专题页各区域的视觉营销设计技巧

专题页具有很强的目的性和针对性，要想在丰富的活动种类中将自己的活动信息充分传达给消费者，吸引消费者参与当前活动，就要对专题页进行视觉营销设计。本节将介绍专题页各区域的视觉营销设计技巧。

6.2.1 传达信息的首屏海报

首屏海报是消费者进入专题页后率先看到的区域，其重要程度不言而喻。下面就从内容安排和设计要点两方面介绍如何对首屏海报进行视觉营销设计。

1. 内容安排

首屏海报的作用是将活动信息传达给消费者，便于消费者了解和参与活动。因此，首屏海报应安排活动主题、活动时间、活动优惠等活动信息，以让消费者了解开展什么活动、什么时候开展、有哪些优惠等。例如，图 6-2 的首屏海报介绍了某小家电店铺开展的周年庆促销活动，活动时间为 5 月 18 日至 5 月 20 日，活动优惠为满 500 元减 100 元。

图 6-2　某小家电店铺专题页中的首屏海报

2. 设计要点

为了刺激消费者积极参与活动，设计首屏海报时应注意阐明活动内容，同时积极营造活动氛围。

（1）阐明活动内容。要想阐明活动内容，让消费者快速了解活动信息，可从以下几点入手。

① 主题文案要体现活动目的。主题文案一定要体现活动目的，才能引导目标消费者参与活动。例如，活动目的为“获客”（获得客户），则主题文案可以设计成“老带新 享半价”“三人成团享八折”等。

② 优惠力度要明确。让消费者感受到明确的优惠力度，如“全场 8 折”“满 400 减 50”“赠送电饭煲”等，才能激励他们参与活动。

③ 文案要精练。一般来说，消费者在进入专题页后，不会停留太长时间。因此，文案简短精练、通俗易懂，才能让消费者快速了解活动目的。

（2）营造活动氛围。要想营造浓厚的活动氛围，让消费者产生共鸣，可从以下几点入手。

① 突出紧迫感。通过突出紧迫感可以缩短消费者犹豫的时间，促使消费者尽快做出购买决策。一般来说，可以利用时间营造紧迫感，如添加活动倒计时（见图 6-3），或者在文案中添加“限时抢购”“秒杀”“活动马上结束”等词语；也可以利用稀缺性营造紧迫感，如“限购 1 件”。

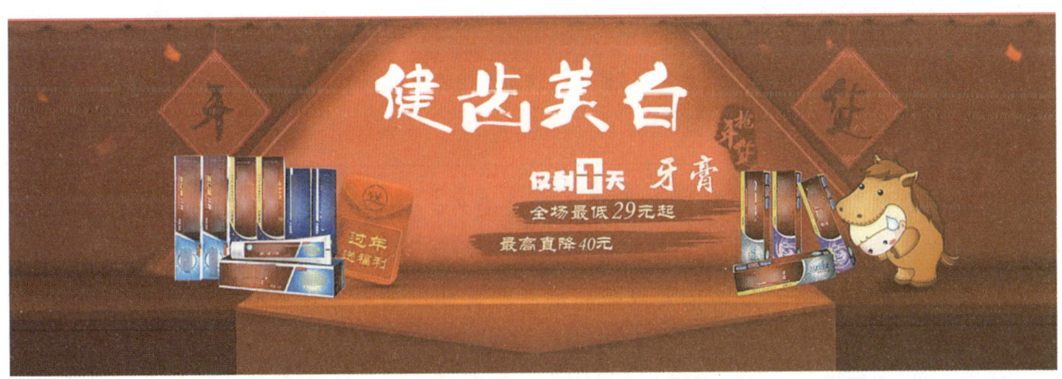

图 6-3　添加活动倒计时的首屏海报

② 色彩搭配要符合活动主题。使用符合活动主题的色彩更能烘托活动氛围，引发消费者对活动的兴趣，从而提高消费者参与活动的概率。例如，图 6-4 的首屏海报使用蓝色、黑色，使页面给消费者以科技、现代的感觉，十分贴合“11 • 11 科技潮”活动主题；图 6-5 的首屏海报使用绿色，使页面给消费者以清新、自然的感觉，与春季促销活动主题相符合。

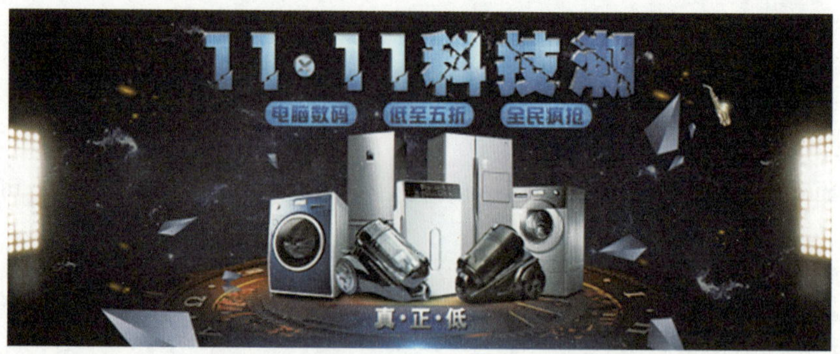

图 6-4　以科技潮为主题的首屏海报

图 6-5　以春季促销为主题的首屏海报

小提示

影响专题页色彩搭配的因素除了活动主题外，还包括活动季节、商品属性等。例如，营销活动在夏季开展，专题页可使用给人清爽感觉的蓝色；商品为植物精华液，专题页可使用给人清新怡人感觉的绿色。另外，整个专题页的色彩搭配要和谐、统一。

③ 结合热点或社会话题。结合热点或社会话题的文案或图片容易让消费者产生共鸣。例如，开展春节促销活动时，可将活动主题文案设计成“年货节狂欢购”，并采用象征着热闹、喜庆的红色，强化春节氛围。

6.2.2　激发兴趣的促销优惠区

营销活动的促销方式有多种，在专题页中，常见的促销方式及其视觉呈现如下。

（1）折扣促销。折扣促销是指根据商品原价确定让利系数，进行减价销售的一种促销方式。折扣促销通常包括降价、打折等折扣形式。这类促销方式的视觉呈现要注意内容精简、重点突出，如图 6-6 所示。

折扣促销视觉呈现案例

图 6-6　折扣促销

（2）满减促销。满减促销是指消费者的消费金额达到一定的金额后，减去相应优惠金额的促销方式。如果活动是以满减方式进行的，促销优惠区一般会展示优惠券，其视觉呈现与店铺首页中优惠券大同小异。不同的是，专题页的促销优惠区通常会更加具体地介绍优惠券的领取及使用流程，以减轻消费者的理解负担，进一步刺激消费者参与活动，如图 6-7 所示。

图 6-7　满减促销

（3）赠品促销。赠品促销是指消费者在购买商品的同时免费获得一份礼品的促销方式。这类促销方式的视觉呈现除了要注意内容精简、重点突出外，还要特别注意将赠品展示出来（见图 6-8），这样可以让消费者更加直观地感受活动带来的优惠。

图 6-8 赠品促销

知识库

> 除上述促销方式外，还有会员促销、组合促销等促销方式，在对采用这些促销方式的促销优惠区进行视觉营销设计时，也可借鉴上述方法和技巧。
>
> 另外，当消费者点击专题页中的某些链接后会跳转至其他页面，在浏览其他页面过程中，消费者可能已经忘记看过的优惠信息。因此，应在店铺首页或商品详情页等跳转页面中重复展示相同的优惠信息，以便“唤醒”消费者的记忆。

6.2.3 引导购买的商品展示区

专题页中商品展示区的视觉呈现与店铺首页中商品展示区的视觉呈现大致相同，只是专题页中该区域的商品陈列数量更少，尽量只展示参加活动的主推商品或“爆款”商品，以免展示的商品过多分散消费者的注意力。

知识库

> 如果参与活动的商品种类繁多，可利用专区合集对其进行分类展示。以电子产品店铺为例，根据活动优惠力度的不同，可将商品展示区分为 2 件 8 折专区、3 件 7 折专区等；或者根据商品类型的不同，可将商品展示区分为台式电脑专区、笔记本电脑专区、平板电脑专区、配件专区等。

需要注意的是，恰当的购买引导可以使消费者在产生购买意向后快速下单，因此在对商品展示区进行视觉营销设计时，可加入“购物车”“购买”等按钮或图标。另外，在商品展示图合适位置重复展示满减、打折等优惠信息，不仅可以使活动氛围更加浓厚，还可以加深消费者对优惠信息的记忆。

例如，图 6-9 中的商品展示区只展示了参加活动的六个主推商品，能方便消费者选购商品，而每个商品展示图中都加入了“立即抢购”按钮，可以引导消费者购买商品。

除此之外，每个商品的价格都包括打折前与打折后两种，能让消费者直观感受优惠力度，从而促使其购买商品。

图 6-9　某化妆品店铺专题页中的商品展示区

6.3 设计并制作女装店铺专题页

本节将以女装店铺专题页的设计与制作为例，介绍专题页的设计技巧与制作方法。案例最终效果（见图 6-10）可参考本书配套素材“素材与实例”→“第 6 章”→“女装店铺专题页”文件夹中的“女装店铺专题页 .psd”文件。

图 6-10　女装店铺专题页效果

6.3.1　设计思路

为了“促活”（让消费者活跃起来），该女装店铺计划举办促销活动。考虑到当前为春季，故将活动主题确定为“春夏焕新”。接下来对以“春夏焕新”为活动主题的专题页进行视觉营销设计。

1. 页面规划

专题页从上到下依次为首屏海报、促销优惠区、商品展示区。下面对这些区域进行规划和说明。

（1）首屏海报：安排活动主题、活动时间、活动优惠等内容，以帮助消费者了解活动。根据活动目的和活动主题，将首屏海报主题文案设计成“春夏新品 钜惠放送”，借助“钜惠”一词表现活动价值，引发消费者对活动的兴趣。将辅助文案设计成“焕新周 | 5.1—5.6”，再次点明主题，同时说明活动时间，提醒消费者不要错过活动；以文案“全场 2 件 8 折 领券下单更优惠”说明优惠力度，刺激消费者参与活动。

鉴于此次营销活动为春夏新品促销，画面中除了加入主推商品图片外，还加入花草、青山等元素，以营造活动氛围。另外，将“夏季新品 钜惠放送”主题文案放大显示，以使其突显，引发消费者关注。

（2）促销优惠区：采用满减促销方式，并且为了确保消费者能以优惠的价格购买商品，特在促销优惠区展示购物攻略。不仅如此，购物中涉及的需要消费者领取的优惠券都罗列在此，方便消费者领取。另外，考虑到店铺优惠券面额较大，会将其突出显示，以吸引消费者目光，激发消费者的购买欲望。

（3）商品展示区：分成两个区域，一个是新品专区，一个是爆款专区。其中，新品专区展示少量春夏主推新品，爆款专区展示以往销售较好的少量爆款商品，以引发消费者对商品的兴趣。在每个区域的底部加入“查看更多……”按钮，点击即可进入相应分类的商品展示页面，方便消费者选购。另外，在每幅商品展示图中都加入“立即购买”按钮，以引导消费者点击购买商品。

2. 配色方案确定

考虑到此次营销活动主要针对的商品为春夏新品，故将页面背景、优惠券、部分文案等都设置成蓝色，给消费者以清爽、轻松的感觉；对于一些重要信息，如“立即领取”按钮，使用红色将其突显，以引导消费者点击或查看；将一些辅助信息设置成黑色，可以让画面更显沉稳，以表现职场女性的沉着、干练。

不仅如此，这些色彩结合使用，可以与店铺首页风格保持统一，以强化品牌在消费者心中的印象。

3. 构图选择

首屏海报采用中心构图，将活动信息居中摆放，左右两侧对称摆放商品模特图片，不仅能突出主体——促销活动信息，还能给消费者以和谐、稳定的感觉。促销优惠区采用折线型陈列方式，为其增添趣味性和氛围感。商品展示区中的两个区域都添加首推商品展示图，并对其进行精心设计，以使整个商品展示区给消费者带来美感和新鲜感。

6.3.2 制作过程

1. 制作首屏海报

步骤 1 新建一个名为“女装店铺专题页”、宽度为 1920 像素、高度为 7000 像素、分辨率为 72 像素 / 英寸、颜色模式为 RGB 的文档，然后在垂直 485 像素处和垂直 1435 像素处各新建一条参考线。

小提示

由于活动期间通常将专题页作为店铺首页，因此专题页的尺寸可参考店铺首页的尺寸，宽度通常为 1920 像素，高度则根据页面内容的多少而定。为了保证专题页在不同显示器中都能够正常显示，活动信息应尽量放置在中间（950 像素以内）。

步骤 2 将前景色设置为浅蓝色（#c8e4f2），并按“Alt+Delete”组合键为“背景”图层填充前景色，然后置入素材“背景 .png”文件，并将其顶端移至与页面顶端对齐，效果如图 6-11 所示。

步骤 3 置入素材“花草 1.png”“花草 2.png”“花草 3.png”文件，并将它们移至合适位置，然后复制花草 3 素材，按“Ctrl+T”组合键调出变换框并右击，从弹出的快捷菜单中选择“水平翻转”项，接着将其移至合适位置，最后按“Enter”键确认，效果如图 6-12 所示。

图 6-11 添加背景素材效果

图 6-12 置入花草素材并调整位置和角度效果

步骤 4 在背景素材中间合适位置添加文本和装饰图形，其中装饰图形需添加投影图层样式，如图 6-13 所示。

图 6-13 添加文本和装饰图形

步骤 5 置入素材“服装 1.jpg”文件并将其栅格化处理，然后使用“魔棒工具”对其进行抠图，接着使用“橡皮擦工具”擦去边缘多余部分，最后调整其大小和位置。采用同样的方法处理“服装 2.jpg”文件，效果如图 6-14 所示。

步骤 6 在左侧模特脚部绘制一个宽度为 268 像素、高度为 115 像素、填充色为蓝色（#6a9ed1）、描边为无的椭圆作为投影，并将其图层移至“服装 1”图层下方，然后复制一个椭圆并将其移至右侧模特脚部，以制作投影，效果如图 6-15 所示。

图 6-14 抠取素材效果

图 6-15 绘制投影效果

2. 制作促销优惠区

步骤 1 在首屏海报下方绘制一个宽度为 1260 像素、高度为 1485 像素、半径为 50 像素的圆角矩形，并设置其填充色为白色（#ffffff），描边为无，效果如图 6-16 所示。

图 6-16 优惠券底图效果

步骤 2 置入素材“标题底图 .png”文件并将其移至合适位置，然后在其上添加文本“购物攻略”并设置其字体为尔雅创意黑，字体大小为 96 点，字体颜色为白色（#ffffff），以制作促销优惠区标题，效果如图 6-17 所示。

购物攻略

图 6-17 促销优惠区标题效果

步骤 3 在标题下方添加文本和装饰线，以制作店铺优惠券标题，如图 6-18 所示。

EU-B2X，150 点，#009ee7
黑体，60 点，#009ee7
01 领取店铺优惠券
随时可退/全店通用
黑体，30 点，#000000
801 像素 ×3 像素，#cdefff

图 6-18 制作店铺优惠券标题

步骤 4 置入素材“优惠券底图 1.png”文件，并将其移至合适位置，然后在其上添加文本和装饰图形，以制作 100 元优惠券，如图 6-19 所示。

图 6-19 制作 100 元优惠券

步骤 5 复制两份 100 元优惠券并通过移动位置、修改内容制作其他优惠券，效果如图 6-20 所示。

图 6-20 其他优惠券效果

步骤 6 复制店铺优惠券标题并通过移动位置、修改内容制作平台品类券标题，然后采用步骤 4 和步骤 5 的方法制作平台品类券，如图 6-21 所示。

图 6-21　制作平台品类券

步骤 7　采用同样的方法制作购物部分内容，如图 6-22 所示。

图 6-22　制作购物部分内容

3. 制作商品展示区

步骤 1　使用“钢笔工具”绘制如图 6-23 所示的不规则图形，然后为其填充蓝色（#0494da），效果如图 6-24 所示。复制一个不规则图形，将其放大后修改其参数，如图 6-25 所示。

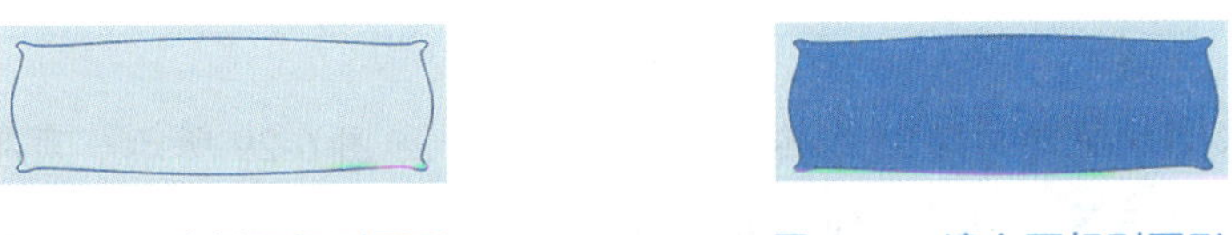

图 6-23　绘制不规则图形　　图 6-24　填充不规则图形

图 6-25　复制不规则图形并调整其大小和参数

步骤 2　添加新品专区标题文本和装饰线（由字符“*”组成），如图 6-26 所示。

图 6-26　添加新品专区标题文本和装饰线

步骤 3　在标题下方绘制一个宽度为 1258 像素、高度为 652 像素的矩形，然后设置其填充色为白色（#ffffff），描边为无，最后为其添加投影图层样式，如图 6-27 所示。

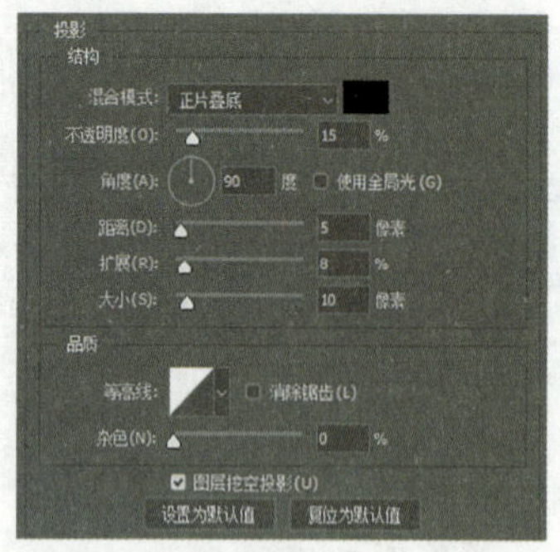

图 6-27　绘制矩形并为其添加投影图层样式

步骤 4　置入素材“服装 4.jpg”文件，并调整其大小和位置，然后将其剪贴到步骤 3 绘制的矩形中，最后在模特左侧合适位置添加文本和装饰图形，如图 6-28 所示。

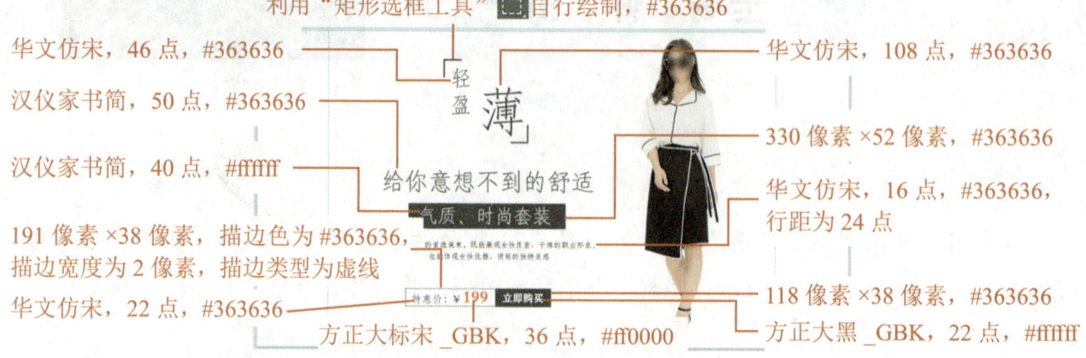

图 6-28　制作新品展示图

步骤 5　采用同样的方法制作其他新品展示图，如图 6-29 所示。商品价格文案的参数与第一幅新品展示图相似文本的参数相同，不再标注。

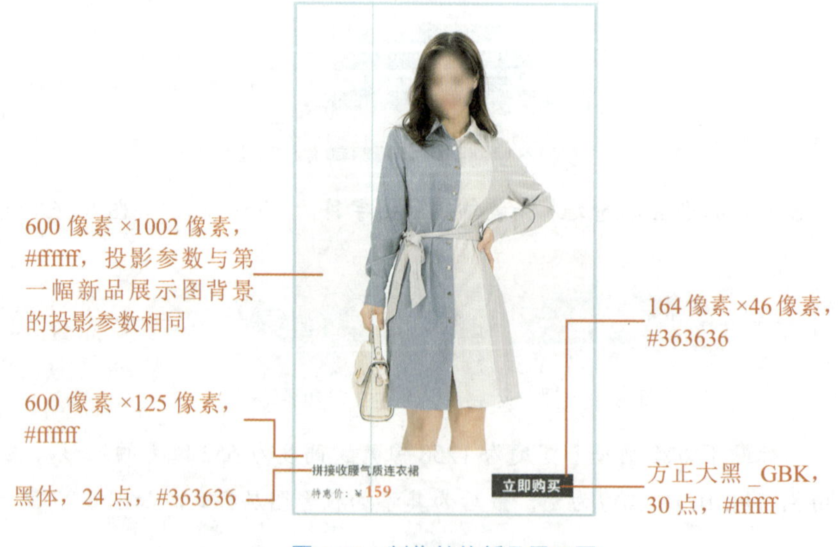

图 6-29　制作其他新品展示图

步骤 6 置入素材“查看更多新品按钮.png”文件，并调整其大小和位置，效果如图 6-30 所示。

步骤 7 复制整个新品专区并通过修改内容、移动位置制作爆款专区，效果如图 6-31 所示。

拼接收腰气质连衣裙
特惠价：¥159 立即购买
西服裙子气质套装
特惠价：¥299 立即购买
查看更多新品…

图 6-30 添加“查看更多新品”按钮效果

图 6-31 爆款专区效果

本章实训——设计并制作零食店铺专题页

本实训通过设计并制作零食店铺专题页，巩固所学知识。案例最终效果（见图 6-32）可参考本书配套素材“素材与实例”→“第 6 章”→“零食店铺专题页”文件夹中的“零食店铺专题页.psd”文件。

图 6-32　零食店铺专题页效果

1. 设计思路

为了“促活”，该零食店铺计划举办“吃货节”促销活动。其中，促销商品分为两类，一类参与第二件半价活动，另一类参与满减活动——“满 99 减 30”“满 169 减 50”。因此，将活动主题确定为“吃货节大甩卖”。接下来对以“吃货节大甩卖”为活动主题的专题页进行视觉营销设计。

（1）页面规划。专题页从上到下依次为首屏海报、促销优惠区、商品展示区。下面

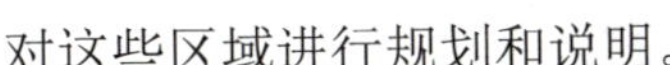

对这些区域进行规划和说明。

① 首屏海报：鉴于活动目的和活动主题，将首屏海报主题文案设计为“吃货节大甩卖”，且用较粗字体、较大字号将其突出显示，以吸引消费者注意；添加文案“活动时间：5.17-5.19”来提醒消费者不要错过活动；为了引导消费者参与活动，加入“部分商品第二件半价！”文案吸引消费者。另外，此次活动是吃货节促销，因此画面中除了加入商品图片外，还加入礼盒、云纹等装饰元素，以烘托吃货节的热闹氛围。

② 促销优惠区：展示满减活动优惠券的领取及使用攻略，方便消费者操作。

③ 商品展示区：划分为三个区域，分别为“第二件半价专区”“满 99 减 30 专区”“满 169 减 50 专区”，每个区域都添加“更多 >>”文字链接，可以将消费者引导至相应分类的商品展示页面中。不仅如此，在每个商品展示图中都加入购物车图标，以引导消费者将商品添加至购物车中。另外，采用货架的形式展示促销商品，能使消费者产生在实体店购物的感觉，从而产生“逛店”的乐趣，进而激发消费者的购买欲望。

（2）配色方案确定。为了强化促销氛围，整个页面多使用给人喜庆、热闹感觉的红色、褐色和黄色。而优惠券使用攻略部分使用绿色，不仅可以丰富画面效果，还可以与红色形成对比，增加画面的视觉冲击力。另外，这些颜色的使用可以使专题页的风格与店铺首页保持一致，从而给消费者留下完整、统一的印象。

（3）构图选择。首屏海报、促销优惠区采用中心构图，将活动信息、优惠券居中摆放，能使活动信息、优惠信息更加突出。商品展示区则采用两列的规范陈列方式，并且在单个商品展示图中加入购物车图标，既可以引导消费者将商品加入购物车，又可以丰富商品展示图的表现。

2. 制作过程

（1）制作首屏海报。首先置入底纹素材并调整其大小、位置及图层不透明度，然后置入背景素材并将其顶端移至与页面顶端对齐，最后添加活动信息和商品图片。

提示：每个活动信息文案都需先添加文本，并为其添加图层样式，然后复制两份并调整图层样式，以制作多层描边效果。

（2）制作促销优惠区。首先置入促销优惠区相关底图素材，然后添加促销优惠标题和正文文本。

提示：可先制作 30 元优惠券，然后通过复制并修改内容、移动位置获得 50 元优惠券。

（3）制作商品展示区。首先置入商品展示区相关底图素材，然后添加商品展示标题和正文文本，以及装饰图形。

提示：可先制作一个商品展示图，然后通过复制并修改内容、移动位置获得其他商品展示图。

第7章 推广图视觉营销设计

章前导语

在竞争日益激烈的电商环境中，要想让店铺在市场中博得一席之地，除了加强店铺自身的特色外，还可以利用推广图为店铺引流。本章将介绍如何对推广图进行视觉营销设计，以为店铺争夺更多的流量。

知识目标

- 认识钻展推广图和直通车推广图。
- 掌握钻展推广图和直通车推广图的视觉营销设计技巧。

技能目标

- 能够根据店铺运营需要，对钻展推广图和直通车推广图进行视觉营销设计。

素质目标

- 培养诚实守信、爱岗敬业的职业精神。

7.1 带动店铺流量的钻展推广图

钻展是钻石展位的简称，它是淘宝网提供的一种付费推广引流工具。利用钻展推广图，可以将消费者引导至相关推广页面中，进而为店铺带来流量。因此，钻展推广图的视觉效果影响着店铺的曝光度。本节将介绍钻展推广图及其视觉营销设计技巧。

7.1.1 认识钻展推广图

钻展推广图显示位置较多，以 PC 端天猫为例，其显示位置包括首页焦点图（简称首焦图）、banner 小图、精选小图，以及各分类页内的焦点图等，如图 7-1 和图 7-2 所示。

图 7-1 首页钻展推广图显示位置

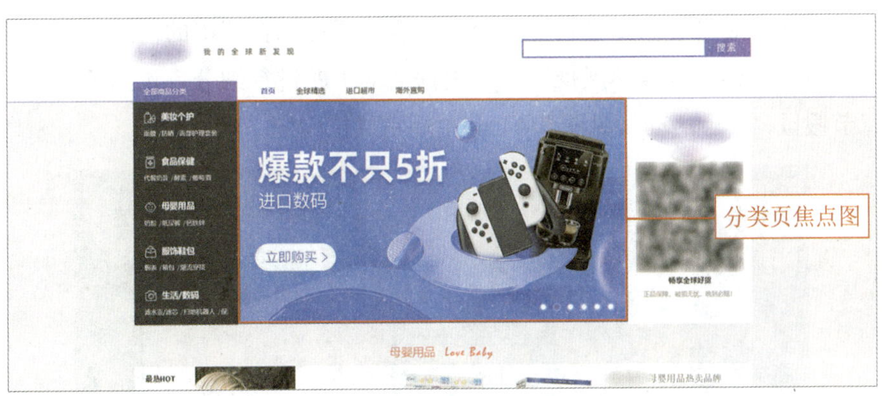

图 7-2 分类页钻展推广图显示位置

知识库

与淘宝网的钻展类似，京东商城也有付费推广引流工具，称为京选展位。

7.1.2 解析钻展推广图的视觉营销设计技巧

钻展通过竞价获取，主要通过推广图展示的利益点来吸引流量。钻展推广图点击率越高，同等预算内获取的流量越多。在对钻展推广图进行视觉营销设计时，应先确定引流目的，再进行视觉营销设计，这样才能使推广更有针对性。

1. 引流目的

从营销推广的角度看，钻展推广图主要有以下几个引流目的。

（1）为单品引流：推广店铺内的某个商品，以促进该商品销售，进而达到打造“爆款”的目的。这类钻展推广图一般会展示推广商品的卖点或痛点信息、促销信息等，适用于上市新品、当季主推商品等，如图 7-3 所示。

图 7-3 为单品引流的钻展推广图

（2）为活动引流：展示店铺活动，以引导消费者参与活动。这类钻展推广图通常展示活动信息，点击后可进入专题页，适用于与店铺活动配合营销的情况。与轮播海报中主题活动型海报一样，这类钻展推广图可根据活动主题进行细分，包括新品上市、店铺纪念日、节假日、平台活动（见图 7-4）等主题钻展推广图。

图 7-4 为活动引流的钻展推广图

（3）为品牌引流：推广品牌，以加深消费者对品牌的印象。这类钻展推广图通常以突出品牌个性、传递品牌理念为主，也通过适当展示促销信息引起消费者关注，如图 7-5 所示。

图 7-5　为品牌引流的钻展推广图

2. 设计要点

与轮播海报一样，钻展推广图的视觉营销设计也要求类型明确（即“引流目的明确”）、主题突出、效果美观。除此之外，在对钻展推广图进行视觉营销设计时，还要注意以下几点。

（1）精准定位目标消费人群。钻展是一种定向推广工具，因此根据推广要求精准定位目标消费人群，再根据目标消费人群特征对钻展推广图进行视觉营销设计，才能提高钻展推广图的信息传达效果。通常，钻展推广图的目标消费人群可以定向为广泛人群或精准人群。

① 定向广泛人群的钻展推广图一般是以店铺“拉新”（拉来新的消费者）为目的的。广泛人群具有基数大、对店铺和品牌认知度低等特征，因此在对这类钻展推广图进行视觉营销设计时，要使其具有一定的吸引力，如突出店铺特色、突显商品卖点、展示促销信息（见图 7-6）等，以快速吸引消费者注意。

图 7-6　定向广泛人群的钻展推广图

② 定向精准人群的钻展推广图一般是以维护客户关系、提高消费者忠诚度为目的的。精准人群具有范围具体、对店铺和品牌有一定的认知度等特征，因此在对这类钻展推广图进行视觉营销设计时，除了可以采用定向广泛人群的钻展推广图的视觉营销设计技巧外，还可以对老客户福利、会员福利（见图 7-7）等进行重点展示。

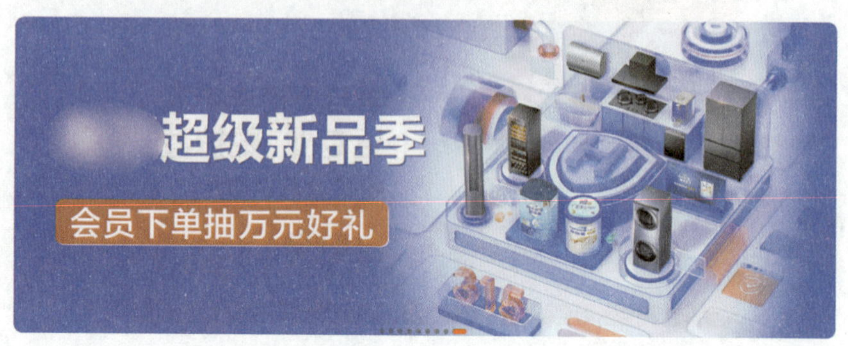

图 7-7 定向精准人群的钻展推广图

（2）灵活调整视觉呈现。实际电商运营中，钻展通常在促销活动期间的效果尤为明显。因此，根据活动阶段对钻展推广图的视觉呈现进行适当调整，可以为店铺引入更多流量，甚至可以带来可观的成交量。

① 预热阶段，即活动正式开始之前对活动进行推广，让消费者提前获取活动信息的阶段。预热阶段的主要任务是引导消费者关注活动、收藏店铺、加购商品等，其设计重点应为引起消费者关注、加深消费者对活动的印象，如文案可以设计成“关注店铺 钜惠不错过”“提前加购有礼”（见图 7-8）等。

图 7-8 预热阶段的钻展推广图

② 爆发阶段，即活动正式开始的阶段。爆发阶段的主要任务是引导消费者购买商品，因此要着重突出活动信息，同时突出活动时间的紧迫感（见图 7-9），以使消费者尽快做出购买决策。

图 7-9 爆发阶段的钻展推广图

③ 扫尾阶段，即正式活动结束后的返场阶段。扫尾阶段的主要任务是引导错过活动的消费者参与活动，因此可以用“买一送一活动梅开二度”“不再因错过一场活动而遗憾”等文案表明活动仍在持续，提醒消费者抓住机会享受活动优惠。

（3）图片不要出现拼接。钻展推广图尽量不要出现拼接情况，因为有些页面会安排多个钻展，并将它们相邻摆放，拼接的图片容易让人产生其是多个钻展推广图的误会，导致信息分散。

（4）适当添加按钮。大多数人看到按钮会下意识点击，所以在钻展推广图中可加入“进去看看”“点击进入”等按钮，以便引发消费者的“点击”行为。

小提示

点击钻展推广图跳转到相应页面后，该页面中的信息应与钻展推广图中的信息一致，以保证消费者准确获取活动信息。

另外，在对钻展推广图进行视觉营销设计时，一定要秉持诚实守信的职业精神，切忌用全网最低、销量第一、销售冠军、顶级等夸大词语或虚假描述，以免给消费者造成误导。

7.2 辅助店铺引流的直通车推广图

直通车也是淘宝网提供的一种可以精准推广商品的付费推广工具。利用直通车推广图，不仅可以有效提高商品的曝光率，还可以为店铺增加流量。本节将介绍直通车推广图及其视觉营销设计技巧。

7.2.1 认识直通车推广图

直通车推广图显示位置同样很多，以 PC 端搜索结果页为例，直通车推广图显示位置是“3+16+5”，即搜索结果中第一排左侧三个带有“掌柜热卖”标签的图片，最右侧

“掌柜热卖”标题下的所有图片（见图 7-10），以及页面最底端“掌柜热卖”标题下的所有图片，如图 7-11 所示。

图 7-10　直通车推广图显示位置“3+16”

图 7-11　直通车推广图显示位置“5”

小提示

与淘宝网的直通车类似，京东商城也有付费推广工具，称为京东快车。

课堂互动

学习了上述内容后，你能正确区分直通车和钻展吗？快来扫一扫，深入了解一下它们之间的区别吧！

扫一扫

直通车和钻展的区别

7.2.2 解析直通车推广图的视觉营销设计技巧

直通车是按点击量付费的，主要通过匹配引流关键词给有相关搜索需求的消费者来吸引流量。要想为店铺和商品吸引精准的目标消费者，提高点击转化率，就要重视直通车推广图的视觉营销设计。在对直通车推广图进行视觉营销设计之前，要先确定其类型，才能使最终的视觉呈现符合店铺运营需要。

1. 常见类型

根据推广对象的不同，可将直通车推广图分为以下几种类型。

（1）单品直通车推广图：用于推广单个商品。这类直通车推广图通常展示商品外观或使用场景、阐述商品优势等，以吸引消费者点击。

例如，图 7-12 的小夜灯直通车推广图不仅通过展示商品的使用场景来吸引消费者注意，还清晰阐述了商品使用方便的优势。

图 7-12　单品直通车推广图

（2）店铺直通车推广图：用于以商品集合等方式推广多个商品。这类直通车推广图通常展示店铺内最有人气的一个或几个商品，借此提高直通车推广图的点击率，然后将消费者引入相应的目标页面后，再将消费者分流到各个商品中，以增加商品的曝光率。

例如，图 7-13 为某童装店铺直通车推广图，其通过展示店铺中销售较好的三个商品来吸引消费者点击，消费者点击图片后就会进入如图 7-14 所示的页面——印花类女童装合集页，页面中的所有商品都将显示在消费者面前，如此便增加了这类商品的曝光率。

图 7-13　店铺直通车推广图

图 7-14　印花类女童装合集页

（3）活动直通车推广图：用于推广店铺内参与平台活动的商品。这类直通车推广图的展示内容及形式要根据平台活动规范进行设计。例如，淘宝网中活动直通车推广图的要求为，参加活动的商品图片应为白底、无边框、无水印、无细节图，商品必须居中摆放，允许有其他物品作为陪衬，但陪衬物品不能掩盖商品主体等。

小提示

活动直通车推广图的规范仅提供部分内容作为参考，具体应参照平台提供的最新规范严格执行，以确保活动直通车推广图能够顺利上线展示。

例如，图 7-15 的笔记本电脑直通车推广图为参加平台活动“超级划算节”的活动直通车推广图，该直通车推广图就是按照“超级划算节”的要求设计的。

图 7-15　活动直通车推广图

知识库

除上述类型外，直通车推广图还有一种新的类型——明星店铺直通车推广图。这类直通车推广图是消费者在输入与品牌相关的关键词后，明星店铺显示在搜索结果页最上方的直通车推广图，如图 7-16 所示。这类直通车推广图展示空间较小，通常会在左侧显示店铺信息，右侧显示主推商品或促销活动等信息。

图 7-16 明星店铺直通车推广图

2. 设计要点

在对直通车推广图进行视觉营销设计时，可以借鉴商品主图的视觉营销设计技巧。除此之外，还要注意以下两点。

（1）创意卖点要突出。要想在同类直通车推广图中崭露头角，就要提炼出区别于同类商品的创意卖点，并将其突显，才能获得消费者的关注。例如，图 7-17 中红框内的直通车推广图通过展示儿童接水场景说明饮水机安全可靠这一卖点，该卖点与其他直通车推广图卖点不同，且视觉呈现也有所区别，使得该推广图极具辨识度。

图 7-17 饮水机直通车推广图

（2）价值匹配度要高。在对直通车推广图进行视觉营销设计时，要注意价值匹配度，即视觉效果要与商品价格匹配。若价值 499 元的商品与价值 49 元的同类商品的视觉呈现相似，不免让消费者觉得物非所值，从而失去点击欲望。

实用技巧

某种程度上来说，钻展推广图与海报的视觉营销设计技巧可以通用，直通车推广图与商品主图的视觉营销设计技巧可以通用。

7.3 设计并制作女装店铺钻展推广图

本节将以女装店铺钻展推广图的设计与制作为例，介绍钻展推广图的设计技巧与制作方法。案例最终效果（见图 7-18）可参考本书配套素材“素材与实例”→“第 7 章”→“女装店铺”→“钻展推广图”文件夹中的“女装店铺钻展推广图 .psd”文件。

图 7-18　女装店铺钻展推广图效果

7.3.1　设计思路

该女装店铺正在举办“春夏焕新”促销活动，为了提升促销效果，所以计划投放钻展。接下来对钻展推广图进行视觉营销设计。

1. 内容规划

该钻展推广图的目的是为活动引流，提升促销效果。因此，将标题文案设计为“拒绝‘衣荒’春夏焕新计划进行中…”，说明店铺正在开展“春夏焕新”活动，以引导有此需求的消费者参与活动。为了刺激消费者点击，添加促销信息“全场 2 件 8 折 领券可享折上折”。不仅如此，还添加活动时间，提醒消费者准时参与活动，同时加深消费者对活动的印象。

另外，此次活动目的是为店铺“拉新”，目标消费人群定向广泛人群。鉴于此，钻展推广图中添加不同类型的女装图片，表明店铺内出售的女装风格齐全，适合各类人群，以吸引各类消费者的注意。

2. 配色方案确定

该钻展推广图主要采用不同明度的绿色，既能给消费者以清新之感，又能使画面具有层次感。

3. 构图选择

该钻展推广图采用左文右图的两栏式构图方式，既可以保证画面的平衡性，又可以使画面富有变化。

7.3.2 制作过程

步骤 1 新建一个名为“女装店铺钻展推广图”、宽度为 520 像素、高度为 280 像素、分辨率为 72 像素 / 英寸、颜色模式为 RGB 的文档。

 **小提示**

不同钻展位置的尺寸差异较大，设计时应根据平台要求进行设置。例如，天猫首焦图尺寸为 520 像素 ×280 像素，精选小图尺寸为 256 像素 ×200 像素。

步骤 2 将前景色设置为浅绿色（#e7f3ef），并按“Alt+Delete”组合键为“背景”图层填充前景色，然后置入素材“树叶 .png”文件，并将其移至画面的左下角，接着复制树叶，并将其垂直翻转后移至画面的右上角，最后置入素材“线框 .png”文件，效果如图 7-19 所示。

步骤 3 置入素材“服装 1.jpg”文件并将模特抠取出来，然后调整其大小和位置。采用同样的方法处理“服装 2.jpg”和“服装 3.jpg”文件，效果如图 7-20 所示。

图 7-19 背景效果

图 7-20 添加服装素材效果

步骤 4 在画面中合适位置添加文本和装饰图形，然后置入素材“花 .png”文件，并将其移至合适位置，如图 7-21 所示。

图 7-21　添加文本、装饰图形和花素材

7.4 设计并制作拼接连衣裙直通车推广图

本节将以拼接连衣裙直通车推广图的设计与制作为例，介绍直通车推广图的设计技巧与制作方法。案例最终效果（见图 7-22）可参考本书配套素材“素材与实例”→“第 7 章”→“女装店铺”→“直通车推广图”文件夹中的“拼接连衣裙直通车推广图 .psd”文件。

图 7-22　拼接连衣裙直通车推广图效果

7.4.1 设计思路

本款拼接连衣裙的目标消费者为 25 ～ 40 岁成熟、稳重女性，她们优雅、沉着，注重服装的品质。下面根据目标消费者的特点，对拼接连衣裙直通车推广图进行视觉营销设计。

1. 内容规划

本次直通车推广图展示的是单一商品——拼接连衣裙，因此直通车推广图的类型确定为单品直通车推广图。考虑到目标消费者的特点及商品的核心卖点，将拼接连衣裙的卖点文案设计为“品质女装 优雅时尚”。为了吸引消费者注意，添加促销信息，并将优惠后的价格放大处理，同时以“欲购从速”文案加强消费者的紧迫感，促使消费者购买商品。另外，添加店铺信息，以加深消费者对店铺的印象。

2. 配色方案确定

将背景颜色设置为白色，大部分文案颜色设置为黑色或灰色，给消费者以简洁大气的感觉，使消费者觉得商品的视觉效果与其价格相匹配，从而产生物超所值的感想。促销信息底图为绿色，将价格等重点文案设置为红色，不仅可以使其突显，还可以通过红绿对比为画面增添视觉冲击力。

另外，在“品质女装 优雅时尚”文案处添加与服装颜色相近的蓝色三角形作为装饰，既可以丰富画面效果，又可以与服装颜色相呼应。

3. 构图选择

将店铺标志放置在画面的左上角，符合消费者的视线流动轨迹，可以引导他们识别店铺信息。将大多数文案放置在直通车推广图底部，将商品卖点文案“品质女装 优雅时尚”放置在商品右侧，能使画面呈现稳定感的同时方便消费者识别商品卖点。

7.4.2 制作过程

步骤 1 新建一个名为“拼接连衣裙直通车推广图”、宽度为 800 像素、高度为 800 像素、分辨率为 72 像素 / 英寸、颜色模式为 RGB 的文档。

小提示

在淘宝网中，直通车推广图的尺寸与商品主图的尺寸相同，即 800 像素 × 800 像素。

步骤 2 置入素材“服装.jpg”文件，并调整其大小和位置，然后置入素材“底

图 .png”文件，并将其放置在画面底部，效果如图 7-23 所示。

图 7-23 添加素材效果

步骤 3 在画面中合适位置添加文本和装饰图形，如图 7-24 所示。其中，“品质女装 优雅时尚”文案处的三角形装饰的绘制方法是，首先选择“矩形工具”，在文案右上方按住“Shift”键的同时绘制一个长宽均为 18 像素、填充色为浅蓝色（#a1afc8）、描边为无的正方形，然后选择“钢笔工具”，单击正方形左下角的锚点将其删除，最后复制一个三角形并将其旋转 180° 后移至文案左下方。

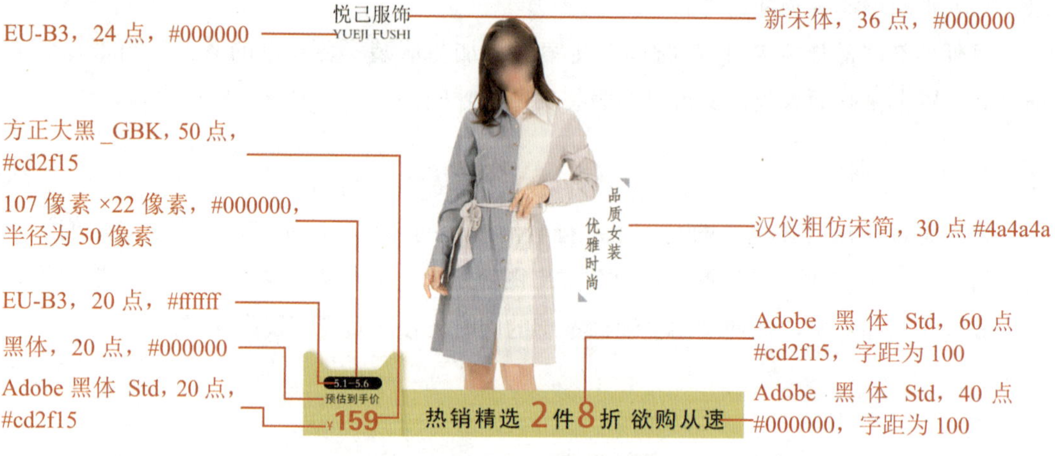

图 7-24 添加文本和装饰图形

本章实训 1——设计并制作零食店铺钻展推广图

本实训通过设计并制作零食店铺钻展推广图，巩固所学知识。案例最终效果（见图 7-25）可参考本书配套素材“素材与实例”→“第 7 章”→“零食店铺”→“钻展推广图”文件夹中的“零食店铺钻展推广图 .psd”文件。

图 7-25　零食店铺钻展推广图效果

1. 设计思路

该零食店铺正在举办“吃货节”促销活动，为了提升促销效果，所以计划投放钻展。接下来对钻展推广图进行视觉营销设计。

（1）内容规划。该零食店铺钻展推广图是为活动引流而设计的。为了促进消费者点击，重点展现促销信息“部分商品满 99-30”“部分商品满 169-50”“部分商品第二件半价！”。在画面左上角添加店铺标志并使用不同于其他元素的颜色以使其突显，便于引导消费者识别品牌。

另外，为了表现店铺内出售的零食多种多样，添加不同类型零食图片来吸引各类消费者注意，以达到为店铺“拉新”的目的。

（2）配色方案确定。为了营造活动氛围，整个页面使用给人以欢快、热闹感觉的褐色和黄色。

（3）构图选择。该钻展推广图采用左图右文的两栏式构图方式，可以使画面稳定中富有变化。

2. 制作过程

（1）置入背景素材，并调整其大小和位置。

（2）置入店铺标志，并调整其颜色、大小和位置。

提示：店铺标志需更改颜色，具体操作为，双击该图层的空白处，在打开的“图层样式”对话框中单击并勾选“颜色叠加”复选框，并在该对话框右侧设置参数，最后单击“确定”按钮。

（3）置入零食素材，并调整其大小和位置。

提示：零食 5 素材需利用图层蒙版去除投影，具体操作为，首先选中该图层，然后单击“图层”面板底部的“添加图层蒙版”按钮 为其添加图层蒙版，接着选择“画笔工具”，并设置前景色为黑色，最后在阴影处涂抹即可将其去除。

（4）绘制文案底图，然后在其上添加文案，最后调整零食素材的图层顺序。

本章实训 2——设计并制作零食礼包直通车推广图

本实训通过设计并制作零食礼包直通车推广图，巩固所学知识。案例最终效果（见图 7-26）可参考本书配套素材“素材与实例”→“第 7 章”→“零食店铺”→“直通车推广图”文件夹中的“零食礼包直通车推广图 .psd”文件。

图 7-26　零食礼包直通车推广图效果

1. 设计思路

（1）内容规划。该零食礼包直通车推广图为店铺直通车推广图，点击进入其详情页后，里面除了有直通车推广图上显示的零食礼包外，还有其他多种零食礼包供消费者选择。因此，设计文案“多种搭配 新鲜健康”来说明商品的这一特点。不仅如此，“多种搭配”也可表示每个零食礼包都由多种不同的商品搭配，可以给消费者带来新鲜的口味、健康的体验。为了加深消费者对店铺的印象，还在页面左上角添加店铺标志。另外，将

零食礼包的价格放大处理，以引起消费者注意。

（2）配色方案确定。将文案底图设置为黄色，可以渲染热闹的氛围，十分符合零食礼包的特性，同时与店铺首页、专题页等风格一致，加深消费者对店铺的印象。

（3）构图选择。将文案放置在商品主图偏下位置，能使画面给消费者以稳定感。

2. 制作过程

（1）置入零食礼包素材并调整其位置。

（2）置入店铺标志，并将其移至画面的左上角。

（3）绘制文案底图，然后在其上添加文案。

第8章 移动端店铺视觉营销设计

章|前|导|语

移动终端和移动互联网的普及与发展将电商带入了移动交易时代，消费者可以利用碎片化时间随时随地进行购物，这就促使移动端店铺逐渐成为店铺运营的主要阵地。因此，做好移动端店铺的视觉营销设计，才能为消费者提供更完善的购物服务，同时为店铺赢得更有利的发展。本章通过介绍移动端店铺视觉营销设计的相关知识，带领大家学习如何打造优秀的移动端店铺。

知|识|目|标

- 了解移动端店铺与PC端店铺的区别。
- 掌握移动端店铺页面的视觉营销设计技巧。

技|能|目|标

- 能够对具体店铺的移动端页面进行视觉营销设计。

素|质|目|标

- 培养良好的职业素质，增强工作责任意识。

8.1 了解移动端店铺与PC端店铺的区别

与基于电脑的PC端店铺不同，移动端店铺主要基于手机、平板电脑等移动设备显示店铺页面。由于所用设备的不同，两者的页面效果（见图8-1和图8-2）有一定的差异，具体来说有以下几点。

图8-1 PC端店铺首页

图8-2 移动端店铺首页（部分）

（1）尺寸不同。移动端店铺页面的宽度要小于 PC 端店铺页面的宽度。PC 端店铺首页的显示宽度通常为 950 像素，而移动端店铺首页的显示宽度通常为 640 像素；PC 端商品详情页的宽度为 750 像素或 790 像素，而移动端商品详情页的宽度通常为 480 像素～ 620 像素。

（2）布局不同。PC 端店铺注重画面的整体性，模块相对来说较为丰富，而考虑到移动设备显示内容有限，移动端店铺通常会省略一些模块（如交互区、页尾等），简化图片中的文案，加大文字的字号，使其更适合移动端浏览，以便给消费者带来良好的浏览体验。

（3）分类不同。PC 端店铺注重内容的完整性，因此其分类信息通常详细且全面，而移动端店铺受设备大小限制，通常会依据“少而精”的原则选取部分分类信息，以便将重要信息传达给消费者。

8.2 解析移动端店铺页面的视觉营销设计技巧

移动端店铺的视觉营销设计思路与 PC 端大同小异，都是为了更好地展示商品和店铺，引导消费者购买商品和识别品牌。从实际应用角度来说，移动端店铺与 PC 端店铺的专题页、钻展推广图、直通车推广图区别较小，且其视觉营销设计技巧相通，因此不再赘述。下面主要介绍移动端店铺首页和移动端商品详情页的视觉营销设计技巧。

8.2.1 移动端店铺首页的视觉营销设计技巧

本节将从常见布局、设计原则和注意事项三个方面介绍移动端店铺首页的视觉营销设计技巧。

1. 常见布局

移动端店铺首页常见的布局方式有以下几种。

1）聚流型布局

聚流型布局通常先将流量集中到某个或某几个商品上，以打造“爆款”，提升店铺的影响力；再推荐热销品类，以将引入的流量进行合理分配。这种布局方式可以在销售主推商品的同时，兼顾品类的按需分流，适用于商品品类较少但有一定流量的店铺。

例如，图 8-3 为采用聚流型布局的店铺首页，该页面首先展示促销商品海报，渲染活动氛围，唤醒消费者的购买欲望；然后展示优惠信息，促进消费者加购；接着展示六个主推商品，引导消费者购买，进而打造“爆款”；最后展示热销品类，将引来的流量按需分配到不同商品品类中。

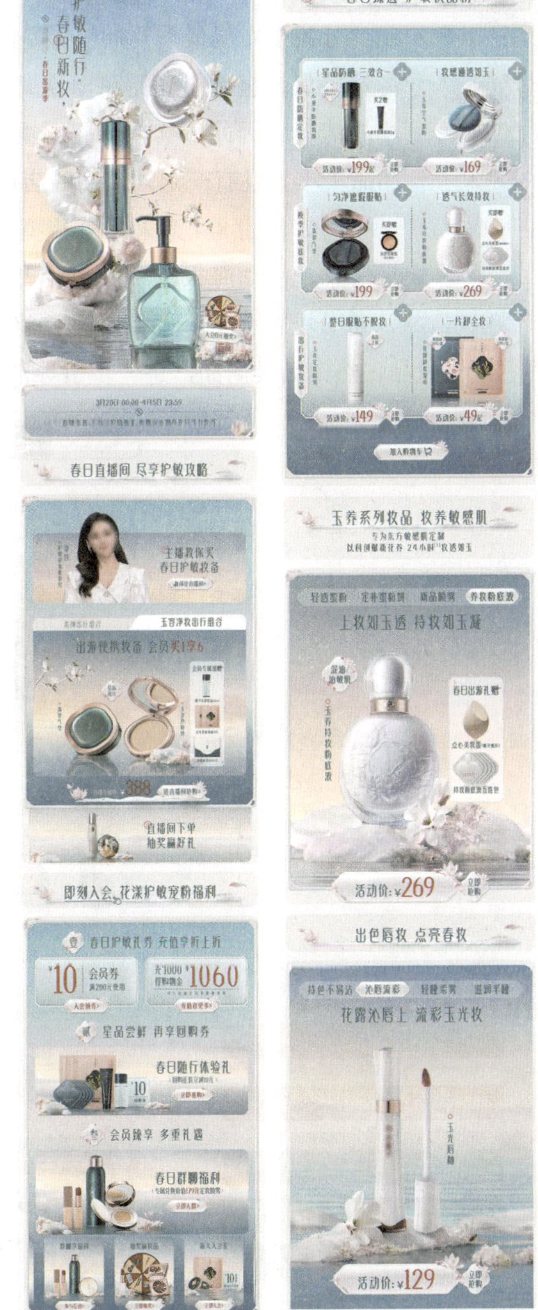

图 8-3　采用聚流型布局的店铺首页（部分）

小提示

由于移动端店铺招牌、通栏导航等通常不支持个性化设置，因此本章不再对其进行介绍。

2）分流型布局

扫一扫

分流型布局视觉呈现案例

分流型布局最重要的任务是将流量均匀地分布到各个商品品类中，尽量确保销售均衡，避免出现某类商品销售火爆，而其他商品无人问津的情况。因此，其首屏展示重点为分类入口。分流型布局适用于商品品类丰富且有一定知名度的店铺。

例如，图 8-4 为采用分流型布局的店铺首页，该页面首先展示优惠信息、活动海报，激发消费者的购买欲望；然后通过明确的分类指引消费者购物，将流量分配到各个商品品类中，将流量的转化率做到最大化；最后展示新品、“爆款”商品、热销品类商品，进一步引导消费者购买。

优惠信息		
活动海报		
分类入口	分类入口	分类入口
分类入口	分类入口	分类入口
分类入口	分类入口	分类入口
店铺新品海报+商品展示		
店铺爆款海报+商品展示		
热销品类1		
热销品类2		

图 8-4　采用分流型布局的店铺首页（部分）

3）发散型布局

发散型布局通常会尽可能多地展示商品，以给消费者商品多样、品类丰富的感觉。发散型布局适用于商品数量和商品品类均比较少的新店。

例如，图 8-5 为采用发散型布局的店铺首页，该页面首先展示店铺中的“爆款”商品，渲染购物氛围；然后展示优惠信息，唤醒消费者的购买欲望；接着展示主推商品和热销商品来刺激消费者购买；最后展示商品分类，方便消费者按需查看相关类别。

图 8-5　采用发散型布局的店铺首页（部分）

知识库

除了前面几个店铺首页中出现的模块外，移动端店铺首页还可以包含一些特色模块，如店铺热点（见图 8-6）、品牌介绍（见图 8-7）、店铺热搜（见图 8-8）、热销榜单、活动开始倒计时海报（见图 8-9）等。

图 8-6　店铺热点

图 8-7　品牌介绍

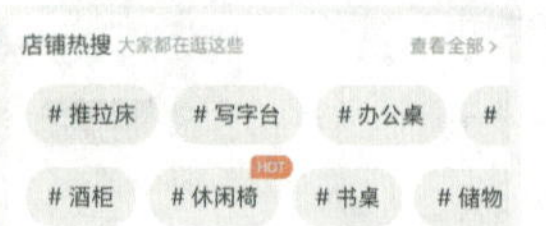

图 8-8　店铺热搜

图 8-9　活动开始倒计时海报

2. 设计原则

在对移动端店铺首页进行视觉营销设计时，应遵循以下原则。

（1）内容要简明扼要。受设备大小的限制，移动端店铺首页的显示面积有限，导致信息的呈现受限，因此要对展示信息进行取舍与精简，以便消费者快速获取关键信息。例如，图 8-10 中的海报只添加了商品型号、优惠信息、商品价格等信息，能让消费者快速了解商品信息和店铺活动。

（2）排版要简洁明了、突出重点。移动端消费者大多是利用工作或学习之余进行购物的，这些消费者没有太多时间去仔细阅读信息，因此移动端店铺首页的排版要简洁明了，以满足消费者快速浏览时还能准确获取信息的需求。

例如，图 8-11 中的商品展示图平铺展示且有序排列，能给消费者简洁明了的视觉效果；而价格信息为红色，并加大字号显示，在画面中十分突显，能够吸引消费者注意，方便消费者获取重要信息。

图 8-10　移动端电子产品店铺首页海报

图 8-11　移动端鞋类店铺首页商品展示区

（3）首页整体风格要统一。移动端店铺的页面展示空间较为狭窄，如果整体的风格不统一，容易导致店铺形象不鲜明，也会给消费者带来混乱的视觉体验。因此，移动端店铺首页整体的风格应尽量统一，以使消费者对店铺产生完整的视觉记忆和深刻的视觉印象。

例如，图 8-12 中的海报和商品展示区使用同一种颜色，不同商品展示区采用相同的布局，整个页面色调、风格统一，会给消费者以完整之感。

图 8-12　移动端箱包店铺首页（部分）

（4）图片不宜过多、过大。一般来说，移动端店铺首页中的图片数量过多、尺寸过大时，会导致信息加载时间过长，这样会使消费者失去耐心和兴趣，从而放弃浏览。所以，应在保证图片清晰的前提下，合理控制移动端店铺首页中的图片数量和大小，以提升消费者打开页面的速度，为消费者创造顺畅的购物体验。

实用技巧

实际应用中，可以先利用“切片工具”对图片进行切割，然后导出，以压缩图片大小。另外，也可通过专门的压缩工具对图片大小进行压缩。

3. 注意事项

在对移动端店铺首页进行视觉营销设计时，要注意以下几点。

（1）不能简单把 PC 端缩小。一般来说，若将 PC 端店铺首页的图片简单缩小后直接应用到移动端店铺首页，会因尺寸不匹配导致图片显示不全、信息不清晰、页面杂乱等，因此移动端店铺首页应基于移动设备特点重新设计或做相应调整。例如，图 8-13 中的移动端店铺首页海报就是在 PC 端的基础上做出了调整，包括将横幅排版改为竖幅排版、优化文案排版等，以使其更方便移动端消费者浏览。

PC 端店铺首页海报

移动端店铺首页海报

图 8-13　某家具店铺首页海报

（2）与 PC 端店铺风格一致。移动端店铺的风格应与 PC 端店铺保持一致，这样有利于增强消费者对店铺的认知，让消费者对店铺产生更加统一、深刻的印象。

（3）按屏展示内容。为了适应移动设备的显示特点，移动端店铺首页应以竖幅形式显示内容，以便消费者获得良好、舒适的浏览体验。不仅如此，考虑到消费者的信息获取习惯，应按屏展示内容，即一屏显示一个模块内容，一个模块只传达一个主题，以便高效展示店铺信息。例如，图 8-14 中的每个模块都采用竖幅形式显示内容，每屏只显示一个模块，且每个模块只传达一个主题。

图 8-14 移动端茶具店铺首页截屏

（4）优化交互体验。相较于 PC 端店铺的利用鼠标交互，移动端店铺利用手指与屏幕接触的交互体验更加直接。但受移动设备显示尺寸的影响，互动设计要更加明显（如按钮大小适合点击），才能易于操作。

另外，移动端消费者大多使用右手操作手机，因此建议将重要的分类、按钮等放置在页面右侧，以方便消费者点击，这种细微的局部调整可以为消费者提供更好的操作体验，从而提升消费者对店铺的好感度。

8.2.2 移动端商品详情页的视觉营销设计技巧

移动端商品详情页的尺寸虽然与 PC 端商品详情页的尺寸有所区别，但是在装修 PC 端店铺时可设置自动适配，此时移动端商品详情页可正常显示，因此移动端商品详情页一般不需要重新设计。如果想让移动端商品详情页的视觉效果更好，可在 PC 端商品详情页的基础上进行优化，优化时需注意以下几点。

（1）与 PC 端商品详情页风格统一。移动端商品详情页的风格应与 PC 端保持一致，这样才能使商品形象得到强化，以使消费者对商品印象深刻，从而提高消费者的购买欲望。

（2）注重页面的简洁性、直观性。移动设备显示的内容有限，因此应精炼商品信息，并将其以直观的方式呈现，以便消费者在最短的时间内了解商品。

（3）突出商品。了解商品信息是消费者进入商品详情页的主要目的。因此，在优化移动端商品详情页时应在有限的展示空间内突出商品，以便消费者了解商品。

8.3 设计并制作移动端女装店铺首页

本节将以移动端女装店铺首页的设计与制作为例，介绍移动端店铺首页的设计技巧与制作方法。案例最终效果（见图 8-15）可参考本书配套素材“素材与实例”→“第 8 章”→“移动端女装店铺首页”文件夹中的“移动端女装店铺首页 .psd”文件。

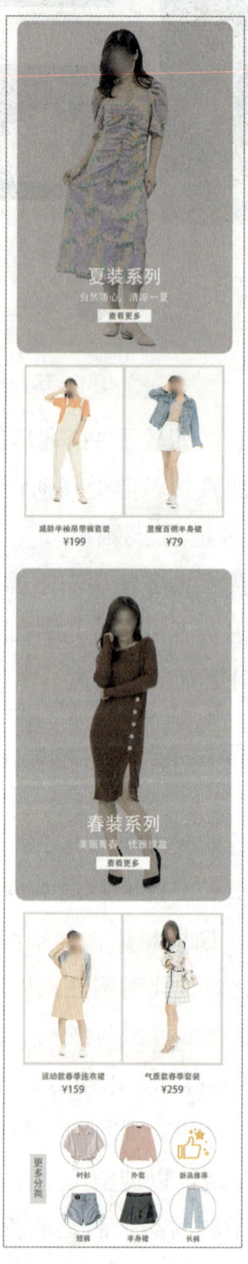

图 8-15　移动端女装店铺首页效果

8.3.1 设计思路

与 PC 端首页一样，该女装店铺的移动端首页同样主推春夏上市新品，目标消费者定位为 25 ～ 40 岁职业女性，因此将移动端店铺风格设定为相同的简约风。接下来就对该女装店铺的移动端首页进行视觉营销设计。

1. 内容规划

鉴于该店铺商品品类较少且有一定流量，因此选择聚流型布局，将移动端首页从上到下依次设置为海报、优惠券、主推商品区、热销品类区。下面对这些区域进行规划和说明。

（1）**海报**：与 PC 端相同，移动端店铺首页海报的主题文案也为“春夏上新”，并加入引导消费者购买的活动信息，以及引起消费者注意的新品图片。不同的是，考虑到移动设备显示内容有限，删除一些次要信息，并将重要信息放大处理，以便消费者更加直观地获取关键信息。

（2）**优惠券**：在海报下方添加竖版优惠券，用于吸引消费者关注，促进商品销售。优惠券中安排了面额、使用条件等内容，方便消费者领取和使用。

（3）**主推商品区**：展示重点推广的春夏新品，以引导消费者购买，同时利于打造“爆款”。

（4）**热销品类区**：展示以往销售较好的商品分类，以将消费者按需分流到相关类别，促进流量的转化。此外，在设计商品分类图标时，将重要图标（如“新品推荐”分类图标）放置在右侧，方便消费者点击。

2. 配色方案确定

考虑到店铺风格和 PC 端店铺首页效果，该移动端店铺首页多以白底黑字的方式展示信息，方便消费者查看；海报背景、优惠券领取按钮背景等为蓝色，给消费者以清凉之感；购买按钮为红色，使其突显的同时与其他颜色形成对比，为画面增添视觉冲击力。

3. 构图选择

考虑到移动设备多为竖屏，将海报、优惠券等调整为竖幅排版，且商品图片、文案大多居中排列。另外，大多数商品图片采用垂直线构图，能为画面增加延伸感。

8.3.2 制作过程

1. 制作页头和海报

步骤 1 新建一个名为“移动端女装店铺首页”、宽度为 1200 像素、高度为 12198 像素、分辨率为 72 像素 / 英寸、颜色模式为 RGB 的文档。

小提示

淘宝网要求移动端店铺首页海报等图片的宽度为1200像素以上，高度为600像素～2000像素。因此，此处将移动端店铺首页的宽度设置为1200像素，高度由页面内容的多少而定。

步骤2 置入素材“页头.jpg”文件，并使其顶端与页面顶端对齐。

步骤3 打开第4章制作的“女装店铺首页.psd”文件，并将海报相关图层复制到“移动端女装店铺首页”文档页头下方，然后删除“时/尚/的/你……”和“/”文本，以及“NEW ARRIVAL”底图，并调整保留素材的大小和位置，如图8-16所示。

图8-16 制作海报

2. 制作优惠券

步骤1 在海报下方添加优惠券标题文本“领券购物更优惠”，并设置其字体为方正大黑_GBK，字体大小为80点，字体颜色为黑色（#000000）。

步骤2 使用“钢笔工具”在优惠券标题下方绘制如图8-17所示的图形，并设置其填充为无，描边色为黑色（#000000），描边宽度为2像素，效果如图8-18所示。

图8-17 绘制图形　　图8-18 设置图形

步骤 3 在步骤 2 绘制的图形靠下位置绘制一个宽度为 240 像素、高度为 55 像素、半径为 50 像素的圆角矩形，并设置其填充色为蓝色（#009ee7），描边为无。

步骤 4 在步骤 2 绘制的图形中合适位置添加优惠券文本，如图 8-19 所示。

图 8-19 添加优惠券文本

步骤 5 复制两份优惠券并通过移动位置、修改内容制作其他优惠券，效果如图 8-20 所示。

领券购物更优惠

图 8-20 优惠券效果

3. 制作主推商品区

步骤 1 在优惠券下方添加主推商品区标题文本，然后在文本下方绘制一条宽度为 1188 像素、高度为 3 像素的矩形，并设置其填充色为浅灰色（#eeeeee），描边为无，接着为其添加图层蒙版，并将其中间部分抹掉，最后置入素材“爱心 .png”文件，并将其移至合适位置，如图 8-21 所示。

图 8-21 制作主推商品区标题

步骤 2 在主推商品区标题下方置入素材“服装 1.jpg”文件，然后在素材下方添加文本和装饰图形，如图 8-22 所示。

图 8-22　制作主推商品区中的首推商品展示图

步骤 3　在首推商品展示图下方绘制一个宽度为 570 像素、高度为 800 像素的矩形，并设置其填充色为浅灰色（#f9f9f9），描边为无，然后置入素材"服装 2.jpg"文件，并调整其大小和位置，最后将服装 2 素材剪贴至矩形中，效果如图 8-23 所示。

步骤 4　复制步骤 2 创建的文本和装饰图形，并将其移至步骤 3 创建的矩形下方，然后修改商品名称和商品价格，并调整文本和装饰图形的大小，如图 8-24 所示。

图 8-23　绘制矩形并将服装 2 素材剪贴其中

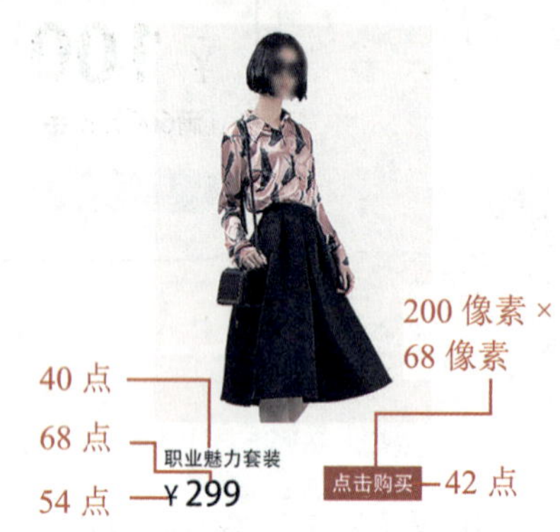

图 8-24　复制文本和装饰图形并调整

步骤 5　复制一份步骤 3 和步骤 4 创建的所有图层并通过调整位置、修改内容制作其他主推商品展示图，效果如图 8-25 所示。

图 8-25　其他主推商品展示图效果

4．制作热销品类区

步骤 1 在主推商品区下方绘制一个宽度为 1086 像素、高度为 1636 像素、半径为 50 像素的圆角矩形，并设置其填充色为黑色（#000000），描边为无。置入素材“服装 4.jpg”文件并调整其大小和位置，接着将其剪贴到圆角矩形中。按住“Alt”键并拖动圆角矩形图层至服装 4 素材图层上方，以复制一个圆角矩形，最后设置复制的圆角矩形的图层不透明度为 30%，效果如图 8-26 所示。

步骤 2 在步骤 1 创建的图像上方合适位置添加文本和装饰图形，如图 8-27 所示。

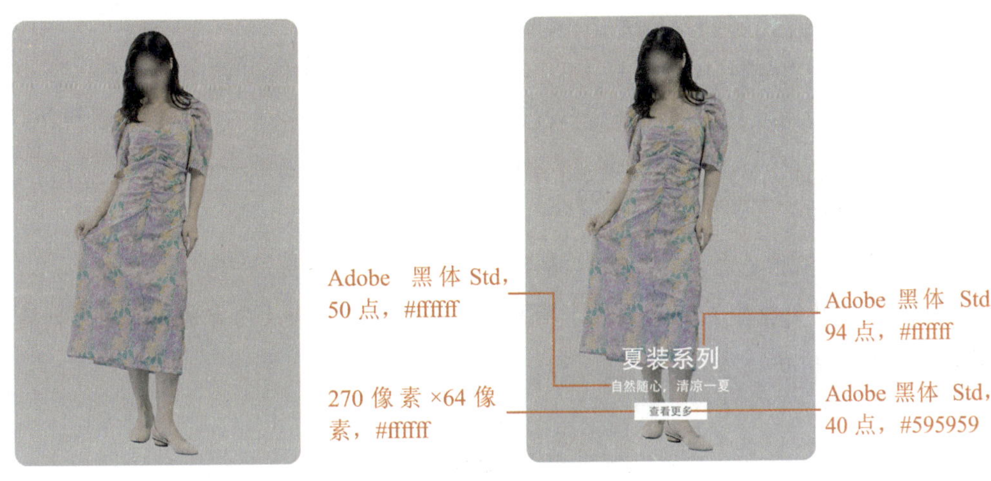

图 8-26 热销品类区首推图底图效果

图 8-27 添加文本和装饰图形

步骤 3 绘制一个宽度为 1008 像素、高度为 752 像素的矩形，并设置其填充色为浅灰色（#dadada），描边为无，然后置入素材“服装 5.jpg”和“服装 6.jpg”文件，并调整它们的大小和位置，效果如图 8-28 所示。

图 8-28 绘制矩形并添加服装素材

步骤 4 在服装素材下方添加文本，如图 8-29 所示。

减龄半袖吊带裤套装

¥199

显瘦百褶半身裙

¥79

Adobe 黑体 Std，50 点，#595959

Adobe 黑体 Std，40 点，#595959

图 8-29 添加文本

步骤 5 复制整个夏装系列展示图并通过调整位置、修改内容制作春装系列展示图，效果如图 8-30 所示。

图 8-30 春装系列展示图效果

步骤 6 在春装系列展示图下方的左侧位置绘制一个宽度为 82 像素、高度为 244 像素的矩形，并设置其填充色为浅灰色（#dadada），描边为无，然后在其上添加文本“更多分类”，并设置其字体为 Adobe 黑体 Std，字体大小为 50 点，字体颜色为深灰色（#595959），效果如图 8-31 所示。

步骤 7 在“更多分类”标题右侧绘制一个直径为 230 像素的正圆，然后设置其填充色为白色（#ffffff），描边色为深灰色（#595959），描边宽度为 1 像素，接着置入素材“衬衫 .jpg”文件，并调整其大小，最后将其剪贴到正圆中，效果如图 8-32 所示。

步骤 8 在“衬衫”分类图标下方添加文本，并设置其字体为 Adobe 黑体 Std，字体大小为 36 点，字体颜色为深灰色（#595959），效果如图 8-33 所示。此时，完成一个商品分类图的制作。

更多分类

图 8-31 “更多分类”标题效果

图 8-32 “衬衫”分类图标效果

图 8-33 商品分类图效果

步骤 9 复制五份商品分类图并通过调整位置、修改内容制作其他商品分类图，效果如图 8-34 所示。

图 8-34 更多分类效果

本章实训——设计并制作移动端零食店铺首页

本实训通过设计并制作移动端零食店铺首页，巩固所学知识。案例最终效果（见图 8-35）可参考本书配套素材“素材与实例”→“第 8 章”→“移动端零食店铺首页”文件夹中的“移动端零食店铺首页 .psd”文件。

图 8-35 移动端零食店铺首页效果

1. 设计思路

该零食店铺正在以“吃货节”为主题举办促销活动。因此，移动端店铺首页应与 PC 端一致，其视觉呈现依旧要给消费者以“热闹”感。

（1）页面规划。考虑到该店铺商品品类丰富，因此选择分流型布局，将店铺首页从上到下依次设置为活动倒计时海报、踏青榜单、活动海报、优惠信息、分类入口、爆款海报、商品分类展示区。下面对这些区域进行规划和说明。

① 活动倒计时海报：为了增加消费者的紧迫感，安排活动倒计时海报，在其中除了添加倒计时内容外，还添加活动主题、优惠力度等内容，以引导消费者抓紧参与活动。

② 踏青榜单：考虑到活动时间恰逢“五一”，安排踏青零食榜单，以引导消费者购买。

③ 活动海报：与 PC 端相同，移动端店铺首页活动海报也加入表现活动主题的“我为吃狂”文案，促进商品销售的“第二份半价！！！”文案，以及为了渲染吃货节热闹氛围的各类零食图片。不同的是，考虑到移动设备的特点，将重要信息放大处理，以便消费者接受信息。

④ 优惠信息：展示活动优惠力度，以刺激消费者购买商品。

⑤ 分类入口：为了实现流量转化率的最大化，添加商品分类入口，以便将流量分配到各个商品品类中。

⑥ 爆款海报：展示爆款商品，方便消费者优先选择，以促进商品销售。

⑦ 商品分类展示区：展示各个分类下的推荐商品，以方便消费者购买。

（2）配色方案确定。考虑到活动主题和 PC 端店铺首页效果，该移动端店铺首页大面积使用褐色和黄色，小面积使用绿色、蓝色，既能给消费者热闹感，贴合活动主题，又能给画面增加清新感，使画面效果更加丰富。

（3）构图选择。考虑到移动设备的显示特点，将海报等调整为竖幅排版，以便消费者浏览。另外，大部分商品图片采用中心构图，不仅给人端正、整齐的感觉，还能明确突出主体。

2. 制作过程

（1）制作页头和活动倒计时海报。首先置入页头，并使其顶端与页面顶端对齐；然后在页头下方绘制一个圆角矩形；接着置入素材“坚果 .jpg”和“倒计时 .jpg”文件并在调整它们的大小和位置后剪贴到圆角矩形中；最后在画面合适位置添加文本。

（2）制作踏青榜单。首先绘制一个圆角矩形作为踏青榜单背景；然后添加踏青榜单标题；接着添加商品展示图背景和商品图片，并在合适位置添加文本和装饰图形，以制作一个踏青榜单商品展示图；最后复制五份踏青榜单商品展示图并通过移动位置、修改内容制作其他踏青榜单商品展示图。

（3）制作活动海报。首先绘制一个圆角矩形，然后将第 4 章“零食店铺首页 .psd”文件中海报相关图层复制到“移动端零食店铺首页”文档中，接着调整海报背景的大小和位置并将其剪贴到圆角矩形中，最后调整文案、零食图片和装饰图形的大小和位置。

（4）制作优惠信息。首先绘制一个圆角矩形作为优惠信息背景，然后添加优惠信息标题，接着将“零食店铺首页 .psd”文件中优惠券相关图层复制到“移动端零食店铺首页”文档中并修改参数，最后采用步骤（2）的方法制作一个优惠信息展示图，将其复制并通过修改内容、移动位置制作其他优惠信息展示图。

（5）制作分类入口。将“零食店铺首页 .psd”文件中页中横向导航相关图层复制到“移动端零食店铺首页”文档中，然后调整其大小，接着复制一份并通过修改内容、移动位置制作其他分类入口。

（6）制作爆款海报。首先绘制爆款海报背景，然后置入爆款商品图片素材并将其剪贴于背景中，接着在合适位置添加文本和装饰图形，以制作一幅爆款海报图。复制一份爆款海报图并通过修改内容、移动位置制作另一幅爆款海报图。

（7）制作商品分类展示区。首先绘制商品分类展示区背景并添加标题，然后采用步骤（2）的方法制作分类图标和分类展示图。

参考文献

[1] 马静义. 电商视觉营销与设计 [M]. 北京：人民邮电出版社，2022.

[2] 李彦广，龚雨齐. 电商视觉营销设计必修课：Photoshop版 [M]. 北京：清华大学出版社，2021.

[3] 方玲，毛利. 电商视觉营销全能一本通：全彩微课版 [M]. 北京：人民邮电出版社，2021.

[4] 李敏，曾鸣. 网店视觉营销 [M]. 北京：高等教育出版社，2021.

[5] 代丽丽，张伟华. 网店视觉营销与设计 [M]. 北京：中国财富出版社，2018.